心一堂術數古籍珍本叢刊

書名：汪氏地理辨正發微　附　地理辨正真本
系列：心一堂術數古籍珍本叢刊　堪輿類　蔣徒張仲馨三元真傳系列
第二輯 175
作者：【清】蔣大鴻、姜垚原著、【清】汪云吾發微
主編、責任編輯：陳劍聰
心一堂術數古籍珍本叢刊編校小組：陳劍聰 素聞 梁松盛 鄒偉才 虛白盧主

出版：心一堂有限公司
地址／門市：香港九龍旺角西洋菜南街五號好望角大廈一○○三室
電話號碼：+852-6715-0840　+852-6633-7949
網址：sunyata.cc
電郵：sunyatabook@gmail.com
　　　publish.sunyata.cc
網上書店：http://book.sunyata.cc
網上論壇：http://bbs.sunyata.cc/

版次：二零一六年十二月初版
平裝

港幣　　六百八十元正
定價：人民幣　六百八十元正
　　　新台幣　二千八百八十元正

國際書號：ISBN 978-988-8317-43-1

香港及海外發行：香港聯合書刊物流有限公司
地址：香港新界大埔汀麗路三十六號中華商務印刷大廈三樓
電話號碼：+852-2150-2100
傳真號碼：+852-2407-3062
電郵：info@suplogistics.com.hk

台灣發行：秀威資訊科技股份有限公司
地址：台灣台北市內湖區瑞光路七十六巷六十五號一樓
電話號碼：+886-2-2796-3638
傳真號碼：+886-2-2796-1377
網絡書店：www.bodbooks.com.tw
台灣讀者服務中心：國家書店
地址：台灣台北市中山區松江路二○九號一樓
電話號碼：+886-2-2518-0207
傳真號碼：+886-2-2518-0778
網絡書店：http://www.govbooks.com.tw/

中國大陸發行・零售：心一堂書店
深圳地址：中國深圳羅湖立新路六號東門博雅負一層零零八號
電話號碼：+86-755-8222-4934
北京地址：中國北京東城區雍和宮大街四十號
心一店淘寶網：http://sunyatacc.taobao.com

心一堂術數古籍 珍本 整理 叢刊 總序

術數定義

術數，大概可謂以「推算（推演）、預測人（個人、群體、國家等）、事、物、自然現象、時間、空間方位等規律及氣數，並或通過種種『方術』，從而達致趨吉避凶或某種特定目的」之知識體系和方法。

術數類別

我國術數的內容類別，歷代不盡相同，例如《漢書‧藝文志》中載，漢代術數有六類：天文、曆譜、五行、蓍龜、雜占、形法。至清代《四庫全書》，術數類則有：數學、占候、相宅相墓、占卜、命書、相書、陰陽五行、雜技術等，其他如《後漢書‧方術部》、《藝文類聚‧方術部》、《太平御覽‧方術部》等，對於術數的分類，皆有差異。古代多把天文、曆譜、及部分數學均歸入術數類，而民間流行亦視傳統醫學作為術數的一環；此外，有些術數與宗教中的方術亦往往難以分開。現代民間則常將各種術數歸納為五大類別：命、卜、相、醫、山，通稱「五術」。

本叢刊在《四庫全書》的分類基礎上，將術數分為九大類別：占筮、星命、相術、堪輿、選擇、三式、讖諱、理數（陰陽五行）、雜術（其他）。而未收天文、曆譜、算術、宗教方術、醫學。

術數思想與發展——從術到學，乃至合道

我國術數是由上古的占星、卜筮、形法等術發展下來的。其中卜筮之術，是歷經夏商周三代而通過「龜卜、蓍筮」得出卜（筮）辭的一種預測（吉凶成敗）術，之後歸納並結集成書，此即現傳之《易

經》。經過春秋戰國至秦漢之際，受到當時諸子百家的影響、儒家的推崇，遂有《易傳》等的出現，原本是卜筮術書的《易經》，被提升及解讀成有包涵「天地之道（理）」之學。因此，《易·繫辭傳》曰：「易與天地準，故能彌綸天地之道。」

漢代以後，易學中的陰陽學說，與五行、九宮、干支、氣運、災變、律曆、卦氣、讖緯、天人感應說等相結合，形成易學中象數系統。而其他原與《易經》本來沒有關係的術數，如占星、形法、選擇，亦漸漸以易理（象數學說）為依歸。《四庫全書·易類小序》云：「術數之興，多在秦漢以後。要其旨，不出乎陰陽五行，生尅制化。實皆《易》之支派，傳以雜說耳。」至此，術數可謂已由「術」發展成「學」。

及至宋代，術數理論與理學中的河圖洛書、太極圖、邵雍先天之學及皇極經世等學說給合，通過術數以演繹理學中「天地中有一太極，萬物中各有一太極」（《朱子語類》）的思想。術數理論不單已發展至十分成熟，而且也從其學理中衍生一些新的方法或理論，如《梅花易數》、《河洛理數》等。

在傳統上，術數功能往往不止於僅僅作為趨吉避凶的方術，及「能彌綸天地之道」的學問，亦有其「修心養性」的功能，「與道合一」（修道）的內涵。《素問·上古天真論》：「上古之人，其知道者，法於陰陽，和於術數。」數之意義，不單是外在的算數、歷數、氣數，而是與理學中同等的「道」、「理」--心性的功能，北宋理氣家邵雍對此多有發揮：「聖人之心，是亦數也」、「萬化萬事生乎心」、「心為太極」。《觀物外篇》：「先天之學，心法也。……蓋天地萬物之理，盡在其中矣，心一而不分，則能應萬物。」反過來說，宋代的術數理論，受到當時理學、佛道及宋易影響，認為心性本質上是等同天地之太極。天地萬物氣數規律，能通過內觀自心而有所感知，即是內心也已具備有術數的推演及預測、感知能力；相傳是邵雍所創之《梅花易數》，便是在這樣的背景下誕生。

《易·文言傳》已有「積善之家，必有餘慶；積不善之家，必有餘殃」之說，至漢代流行的災變說及讖緯說，我國數千年來都認為天災，異常天象（自然現象），皆與一國或一地的施政者失德有關；下

至家族、個人之盛衰，也都與一族一人之德行修養有關。因此，我國術數中除了吉凶盛衰理數之外，人心的德行修養，也是趨吉避凶的一個關鍵因素。

術數與宗教、修道

在這種思想之下，我國術數不單只是附屬於巫術或宗教行為的方術，又往往是一種宗教的修煉手段、通過術數，以知陰陽，乃至合陰陽（道）。「其知道者，法於陰陽，和於術數。」例如，「奇門遁甲」術中，即分為「術奇門」與「法奇門」兩大類。「法奇門」中有大量道教中符籙、手印、存想、內煉的內容，是道教內丹外法的一種重要外法修煉體系。甚至在雷法一系的修煉上，亦大量應用了術數內容。此外，相術、堪輿術中也有修煉望氣（氣的形狀、顏色）的方法；堪輿家除了選擇陰陽宅之吉凶外，也有道教中選擇適合修道環境（法、財、侶、地中的地）的方法，以至通過堪輿術觀察天地山川陰陽之氣，亦成為領悟陰陽金丹大道的一途。

易學體系以外的術數與的少數民族的術數

我國術數中，也有不用或不全用易理作為其理論依據的，如揚雄的《太玄》、司馬光的《潛虛》。也有一些占卜法、雜術不屬於《易經》系統，不過對後世影響較少而已。

外來宗教及少數民族中也有不少雖受漢文化影響（如陰陽、五行、二十八宿等學說。）但仍自成系統的術數，如古代的西夏、突厥、吐魯番等占卜及星占術，藏族中有多種藏傳佛教占卜術、苯教占卜術、擇吉術、推命術、相術等；北方少數民族有薩滿教占卜術；不少少數民族如水族、白族、布朗族、佤族、彝族、苗族等，皆有占雞（卦）草卜、雞蛋卜等術，納西族的占星術、占卜術，彝族畢摩的推命術、占卜術……等等，都是屬於《易經》體系以外的術數。相對上，外國傳入的術數以及其理論，對我國術數影響更大。

曆法、推步術與外來術數的影響

我國的術數與曆法的關係非常緊密。早期的術數中，很多是利用星宿或星宿組合的位置（如某星在某州或某宮某度）付予某種吉凶意義，并據之以推演，例如歲星（木星）、月將（某月太陽所躔之宮次）等。不過，由於不同的古代曆法推步的誤差及歲差的問題，若干年後，其術數所用之星辰的位置，已與真實星辰的位置不一樣了：此如歲星（木星），早期的曆法及術數以十二年為一周期（以應地支），與木星真實周期十一點八六年，每幾十年便錯一宮。後來術家又設一「太歲」的假想星體來解決，是歲星運行的相反，週期亦剛好是十二年。而術數中的神煞，很多即是根據太歲的位置而定。又如六壬術中的「月將」，原是立春節氣後太陽躔娵訾之次，當時沈括提出了修正，但明清時六壬術中「月將」仍然沿用宋代沈括修正的起法沒有再修正。

由於以真實星象周期的推步術是非常繁複，而且古代星象推步術本身亦有不少誤差，大多數術數除依曆書保留了太陽（節氣）、太陰（月相）的簡單宮次計算外，漸漸形成根據干支、日月等的各自起例，以起出其他具有不同含義的眾多假想星象及神煞系統。唐宋以後，我國絕大部分術數都主要沿用這一系統，也出現了不少完全脫離真實星象的術數，如《子平術》、《紫微斗數》、《鐵版神數》等。後來就連一些利用真實星辰位置的術數，如《七政四餘術》及選擇法中的《天星選擇》，也已與假想星象及神煞混合而使用了。

隨着古代外國曆（推步）、術數的傳入，如唐代傳入的印度曆法及術數，元代傳入的回回曆等，其中我國占星術便吸收了印度占星術中羅睺星、計都星等而形成四餘星，又通過阿拉伯占星術而吸收了其中來自希臘、巴比倫占星術的黃道十二宮、四大（四元素）學說（地、水、火、風），並與我國傳統的二十八宿、五行說、神煞系統並存而形成《七政四餘術》。此外，一些術數中的北斗星名，不用我國傳統的星名：天樞、天璇、天璣、天權、玉衡、開陽、搖光，而是使用來自印度梵文所譯的：貪狼、巨

門、祿存、文曲、廉貞、武曲、破軍等，此明顯是受到唐代從印度傳入的曆法及占星術所影響。如星命術中的《紫微斗數》及堪輿術中的《撼龍經》等文獻中，其星皆用印度譯名。及至清初《時憲曆》，置閏之法則改用西法「定氣」。清代以後的術數，又作過不少的調整。

此外，我國相術中的面相術、手相術，唐宋之際受印度相術影響頗大，至民國初年，又通過翻譯歐西、日本的相術書籍而大量吸收歐西相術的內容，形成了現代我國坊間流行的新式相術。

陰陽學——術數在古代、官方管理及外國的影響

術數在古代社會中一直扮演着一個非常重要的角色，影響層面不單只是某一階層、某一職業、某一年齡的人，而是上自帝王，下至普通百姓，從出生到死亡，不論是生活上的小事如洗髮、出行等，大事如建房、入伙、出兵等，從個人、家族以至國家，從天文、氣象、地理到人事、軍事，從民俗、學術到宗教，都離不開術數的應用。我國最晚在唐代開始，已把以上術數之學，稱作陰陽（學），行術數者稱陰陽人。（敦煌文書、斯四三二七唐《師師漫語話》：「以下說陰陽人謾語話」，此說法後來傳入日本，今日本人稱行術數者為「陰陽師」）。一直到了清末，欽天監中負責陰陽術數的官員中，以及民間術數之士，仍名陰陽生。

古代政府的中欽天監（司天監），除了負責天文、曆法、輿地之外，亦精通其他如星占、選擇、堪輿等術數，除在皇室人員及朝庭中應用外，也定期頒行日書、修定術數，使民間對於天文、日曆用事吉凶及使用其他術數時，有所依從。

我國古代政府對官方及民間陰陽學及陰陽官員，從其內容、人員的選拔、培訓、認證、考核、律法監管等，都有制度。至明清兩代，其制度更為完善、嚴格。

宋代官學之中，課程中已有陰陽學及其考試的內容。（宋徽宗崇寧三年〔一一零四年〕崇寧算學令：「諸學生習……並曆算、三式、天文書。」「諸試……三式即射覆及預占三日陰陽風雨。天文即預

定一月或一季分野災祥，並以依經備草合問為通。」

金代司天臺，從民間「草澤人」（即民間習術數人士）考試選拔：「其試之制，以《宣明曆》試推步，及《婚書》、《地理新書》試合婚、安葬，並《易》筮法、六壬課、三命、五星之術。」（《金史》卷五十一・志第三十二・選舉一）

元代為進一步加強官方陰陽學對民間的影響、管理、控制及培育，除沿襲宋代、金代在司天監掌管陰陽學及中央的官學陰陽學課程之外，更在地方上增設陰陽學課程（《元史・選舉志一》：「世祖至元二十八年夏六月始置諸路陰陽學。」）地方上也設陰陽學教授員，培育及管轄地方陰陽人。（《元史・選舉志一》：「（元仁宗）延祐初，令陰陽人依儒醫例，於路、府、州設教授員，凡陰陽人皆管轄之，而上屬於太史焉。」）自此，民間的陰陽術士（陰陽人），被納入官方的管轄之下。

至明清兩代，陰陽學制度更為完善。中央欽天監掌管陰陽學，明代地方縣設陰陽學正術，各州設陰陽學典術，各縣設陰陽學訓術。陰陽人從地方陰陽學肄業或被選拔出來後，再送到欽天監考試。（《大明會典》卷二二三：「凡天下府州縣舉到陰陽人堪任正術等官者，俱從吏部送（欽天監），考中，送回選用；不中者發回原籍為民，原保官吏治罪。」）清代大致沿用明制，凡陰陽術數之流，悉歸中央欽天監及地方陰陽官員管理、培訓、認證。至今尚有「紹興府陰陽印」、「東光縣陰陽學記」等明代銅印，及某某縣某某之清代陰陽執照等傳世。

清代欽天監漏刻科對官員要求甚為嚴格。《大清會典》「國子監」規定：「凡算學之教，設肄業生。滿洲十有二人，蒙古、漢軍各六人，於各旗官學內考取。漢十有二人，於舉人、貢監生童內考取。」學生在官學肄業、貢監生肄業或考得舉人後，經過了五年對天文、算法、陰陽學的學習，其中精通陰陽術數者，會送往漏刻科。而在欽天監供職的官員，《大清會典則例》「欽天監」規定：「本監官生三年考核一次，術業精通者，保題升用。不及者，停其升轉，再加學習。如能黽

六

勉供職，即予開復。仍不及者，降職一等，再令學習三年，能習熟者，准予開復，仍不能者，黜退。」除定期考核以定其升用降職外，《大清律例》中對陰陽術士不準確的推斷（妄言禍福）是要治罪的。《大清律例‧一七八‧術七‧妄言禍福》：「凡陰陽術士，不許於大小文武官員之家妄言禍福，違者杖一百。其依經推算星命卜課，不在禁限。」大小文武官員延請的陰陽術士，自然是以欽天監漏刻科官員或地方陰陽官員為主。

官方陰陽學制度也影響鄰國如朝鮮、日本、越南等地，一直到了民國時期，鄰國仍然沿用着我國的多種術數。而我國的漢族術數，在古代甚至影響遍及西夏、突厥、吐蕃、阿拉伯、印度、東南亞諸國。

術數研究

術數在我國古代社會雖然影響深遠，「是傳統中國理念中的一門科學，從傳統的陰陽、五行、九宮、八卦、河圖、洛書等觀念作大自然的研究。……傳統中國的天文學、數學、煉丹術等，要到上世紀中葉始受世界學者肯定。可是，術數還未受到應得的注意。術數在傳統中國科技史、思想史、文化史、社會史，甚至軍事史都有一定的影響。……更進一步了解術數，我們將更能了解中國歷史的全貌。」（何丙郁《術數、天文與醫學中國科技史的新視野》，香港城市大學中國文化中心。）

可是術數至今一直不受正統學界所重視，加上術家藏秘自珍，又揚言天機不可洩漏，「（術數）乃吾國科學與哲學融貫而成一種學說，數千年來傳衍嬗變，或隱或現，全賴一二有心人為之繼續維繫，賴以不絕，其中確有學術上研究之價值，非徒癡人說夢，荒誕不經之謂也。其所以至今不能在科學中成立一種地位者，實有數因。蓋古代士大夫階級目醫卜星相為九流之學，多恥道之；而發明諸大師又故為恍迷離之辭，以待後人探索；間有一二賢者有所發明，亦秘莫如深，既恐洩天地之秘，復恐譏為旁門左道，始終不肯公開研究，成立一有系統說明之書籍，貽之後世。故居今日而欲研究此種學術，實一極困難之事。」（民國徐樂吾《子平真詮評註》，方重審序）

現存的術數古籍，除極少數是唐、宋、元的版本外，絕大多數是明、清兩代的版本。其內容也主要是明、清兩代流行的術數，唐宋或以前的術數及其書籍，大部分均已失傳，只能從史料記載、出土文獻、敦煌遺書中稍窺一鱗半爪。

術數版本

坊間術數古籍版本，大多是晚清書坊之翻刻本及民國書賈之重排本，其中豕亥魚魯，或任意增刪，往往文意全非，以至不能卒讀。現今不論是術數愛好者，還是民俗、史學、社會、文化、版本等學術研究者，要想得一常見術數書籍的善本、原版，已經非常困難，更遑論如稿本、鈔本、孤本等珍稀版本。

在文獻不足及缺乏善本的情況下，要想對術數的源流、理法、及其影響，作全面深入的研究，幾不可能。

有見及此，本叢刊編校小組經多年努力及多方協助，在海內外搜羅了二十世紀六十年代以前漢文為主的術數類善本、珍本、鈔本、孤本、稿本、批校本等數百種，精選出其中最佳版本，分別輯入兩個系列：

一、心一堂術數古籍珍本叢刊

二、心一堂術數古籍整理叢刊

前者以最新數碼（數位）技術清理、修復珍本原本的版面，更正明顯的錯訛，部分善本更以原色彩色精印，務求更勝原本。并以每百多種珍本、一百二十冊為一輯，分輯出版，以饗讀者。

後者延請、稿約有關專家、學者，以善本、珍本等作底本，參以其他版本，古籍進行審定、校勘、注釋，務求打造一最善版本，方便現代人閱讀、理解、研究等之用。

限於編校小組的水平，版本選擇及考證、文字修正、提要內容等方面，恐有疏漏及舛誤之處，懇請方家不吝指正。

心一堂術數古籍 珍本 叢刊編校小組

二零零九年七月序

二零一四年九月第三次修訂

照堂地理傳家秘書自序

易之為書鉅細悉備體用俱周無極而太極太極生

陰陽陰陽生五行五行生萬物人稟天地陰陽五行

之氣以生其吉凶悔吝豈能出乎其外哉夫太極理

也陰陽五行氣也萬物形象也理氣之體也氣理之

用也形象氣之迹也理未可見見之氣氣亦不可

見之形象此一氣也在天成象在地成形仰觀於上

紫照堂傳

日月星辰皆象也俯察於下山原水土皆形也故曰
天有五星地有五行天星地行上下相因古之至人。
因象以辨方因方以定位因位以相形因形以審氣
因氣以明理探鬼神之機操禍福之柄察識山川以
立人極地理之原本於易也予少耽地理世所梓行
之書靡不搜之羅之縱覽之眾說紛紛了無定義乃
專於三合淨陰淨陽之說謂楊曾以來師師相授之

道如是及考之今古成迹卒多不騐心竊疑之而究
不知其所以歲在癸亥靖江卽雲羊君來遊吾郡與
之言其義與予頗異及與論斷舊蹟無不奇中叩其
所傳則出吾郡蔣大鴻先生蔣氏之傳世謂非楊曾
正派故於其書未嘗少留意茲與羊君言論其淵源
河洛至易至簡始得易之真解因取蔣氏天元歌歸
厚錄讀之大有省悟始知地學之正宗在是而予三

十年來攻苦徒為俗術所誤欲與羊君辨難晰疑而

羊君客不少涉予遂不復請自取蔣氏辨正讀之我

友云吾汪子好學深思之士也亦盡知從前之謬反

覆紬繹於辨正之中遂得盡通其義著有辨正發微

予嘗與之究論天人窮源竟委且窮搜蔣氏遺書無

片紙遺漏雖未能致乎其極而已窺全豹乃知淨陰

淨陽三合之說皆楊曾之隱語借以匿其秘肯者後

人誤以為秘旨故訛以傳訛至此耳今夫獨陽不生

獨陰不生言地理而不言天陽其能免獨陰之病乎

天為陽地為陰山水皆地耳皆陰也陰之所在陽必

求之彼施此受彼倡此隨此萬物之所以生生不已

鬼福之所以及人也言乎淨陰淨陽則顯失交媾之

義三合則雖知交媾然其交媾也不以氣而以方與

刻舟求劍者亦復何異且楊曾以前有郭氏水龍經

其文亦借天星以隱其秘而按其圖皆立穴於止水

實不出外氣行形內氣止生形止氣蓄萬物化生之

義由此而推楊曾之一宗郭氏蔣氏之一宗楊曾槪

可見矣予旣得真傳正義歷覽古今成迹其成敗興

廢若合符契始嘆天地間自有理氣真旨人自不得

其傳耳伏羲之卦對待之體也文王之卦流行之用

也無體不立無用不行義卦未始無用於方位之對

待者分陰分陽而於其流行見互根之妙文卦未始
無體即於方位見互根之妙而於流行之合同而化
著對待之機蔣公徹羲文之妙理窮河雄之淵源故
其書歸源於氣化蓋陰陽無時不升降天地無時不
交媾天地人物本一氣以流通故地有吉氣足以感
召天氣天有吉氣足以觸發地氣天地之氣必假人
物而旺人物之旺必得氣運而與其氣運之轉輪即

剝復相循否泰相因之理雖其來無踪其去無迹而

明者為能知其一定而不可易蔣氏之書無一語不

本諸河洛即無一語不本諸義爻實吾儒盡性窮理

之學非今昔形家者流穿鑿傅會者所能望其涯涘

也予生也晚未得親受業於蔣氏今日之得出迷津

微知要妙實賴蔣氏之遺編藉非蔣公在天之靈寔

式憑之豈獲覯此竊深懼遭逢之大幸有干造物之

忌何敢貪天之功以為已功弟我聞道而年已衰我
親一日不能遷吉壤我憾一日不能釋諸懷恐旦暮
死而抱憾以終故手輯此編以示後人蓋欲其求是
道以護本根非欲其挾斯術以求衣食其中山龍水
龍陰陽二宅奧樞暨天星尅擇必法無未悉備皆天
宮之秘寶人世之金丹神尚明之造化在手惟願世
藏金匱代秘玉函授書務必授義傳心務必傳神死

者得乘天地之正氣生者定產天地之正人垂之無

窮傳之不朽廣予畢世之講求不辜而上蒼啟牖之

洪慈無貪倘或褻玩靈文浪洩匪類既違訓誡必犯

天殃戒之慎之是為序。

　　旹

乾隆十年歲次乙丑月逢上巳申江後學後覺子

劉仁樂山氏自題於藜照堂之會心處

地理辨正序

通三才之道曰儒故天官地理皆學士家窮理之本業而象緯
之學正三統測灾祥屬有國家者之事獨地理為養生送死生
民日用所急孝子慈孫尤不可以不謹宋儒未蔡諸賢間有發
明見於性理書中者班班可考顧僅能敷陳梗槩而未究其精
微或者進而求之通都所布管郭諸書雖其言鑿鑿而去之逾
遠斯其為道顯而隱誠所謂間世一出非人不傳者耶余少失
恃壯失怙先大父安溪公早以形家之書孜孜手授久而後知
俗學之非也思窮徑絕迺得無極子之傳於遊方之外習其所

蓁照堂傳

家秘本

傳又十年所於是遠溯黃石青鳥近考青田幕講彼其記監心

人殊而顧旨一旦視天下山川土壤雖大荒內外亦如一也其

廢乎地學之正宗在是輒欲舉其說以告學者又不容顯訴無

已而取當世相傳之書訂其紕繆而晰其是非使言之者無罪

而聞之者有所懲戒而不至於亂辯正之書所以作也夫地學

之有書始於黃石盛於楊曾而世所惑溺而不可卒解者則莫

甚於玉尺故論斷諸書彙為一編其姐豆之與爰書皆以云救

也于姜諸子問業日久經史之暇旁及此編豈好事哉我得此

道以釋憾於我親從我遊者皆有親也姜氏習是編而遍梓之

以公世其又為天下後世之有親者加之意歟凡我儒者之用

心也巳

歲在辛酉杜陵中陽子蔣平階大鴻氏自記

辨偽文

僕弱冠失恃先大父安溪公命習地理之學求之十年而始得

其傳乃以所傳徧證之大江南北古今名墓又十年而始會其

旨從此益精求之又十年而始窮其變而我年則已老矣姚水

親隴告成生平學地之志已畢自此不復措意夫豈不欲傳之

其人然天律有禁不得妄傳苟非忠信廉潔之人未許與聞一

二也丹陽張孝廉仲馨丹徒駱孝廉士鵬山陰呂文學相烈會

稽姜公子垚武陵胡公子泰徵淄川畢解元世持昔以文章行

業相師因得畧聞梗概此諸君子或丹穴鳳雛或青春鶚薦皆

藜照堂傳

自置甚高不可一世蓋求其道以庇本根非挾其術以為壟斷

故能三緘其口不漏片言幾不身僕之講求爾若夫中人以

下走四方求衣食者僕初未嘗不憐之然欲冒禁而傳真道則

未敢許也至於僕之得傳有訣無書以此事貴在心傳非可言

聲古書充棟半屬偽造故有辨正一書昌言救世後復自言所

得作天元五歌然皆蒙莊所謂糟粕必求其精微則亦不在此

也此外別無秘本私為一家之書近聞三吳兩浙都有自稱得

僕真傳以自衒鬻者亦有自撰偽書指為僕之秘本以簧惑後

學者天地之大何所不容但恐偽托之人心術鮮正以不正之

家秘本

術謀人身家必誤人之身家以不正之書傳之後世必貽禍於

後世僕不忍不辨惟有識者察之

辛酉仲冬杜陵蔣平階大鴻氏敬告

地理辨正發微小引．

理無方數有定數亦本於理而非理之敵故惟有驗有不驗斯

足以見數學之正與詭異妖誕不同然克湯水旱亦幾為理之

所無如何知其為數而修省之念弛趨避之術勝紛紛擾擾大

道以乖故聖賢於此往往諱言之余知蔣公得數學之正特為

闡發書成不敢謂郁得而無失也然亦謂寧秘而無洩也陰陽

之經不可失陰陽之忌尤不可干是書苟有一失則禍人非輕

茍無一失則自禍不小以蔣公之賢而不克蔭其後人其亦以

遍洩之故乎呼可畏也已

蔡照堂傳

旹

乾隆九年歲次甲子三月下浣云吾子汪宜耀士雲氏自記

汪氏發微序

地理之學始於黃石○盛於楊曾而楊曾際忌諱之朝不敢明目
張膽以顯告天下○故其書率多微詞隱語後之傳習者不能識
其本旨○妄為臆解本旨既失○一謬百訛偽書錯出○愈久愈差迨
中陽傑出○親承無極真傳乃成辨正一書○昌言救世以其師傳
有漏洩天機之禁○故其言猶引而不發後著天元歌歸厚錄諸
書授之其徒呂姜王沈輩○地理本真於焉斯顯又以書無刊本
故不出其門墻者○亦不得而知我友云吾汪子以文壇之宿將
搜地學之根源○遵得蔣氏遺書○不禁忌飡廢寢殫精研窮挾真

蔡照堂傳

諦於世遠年湮之後發玄機於邪說充塞之時其闡前啟後之

功一何偉哉夫楊曾而後不之名涵然求其能息邪詎詖如孔

子作春秋而亂臣賊子不敢肆者則未易一二覯也故承黃石

楊曾之統者獨數中陽中陽而後舍汪子其誰昔九方皋相馬

天下無雙也其子以其術求之天下經年不得既而得之駑馬

也其孫亦以其術求之出門見巨墓迸歸謂其祖曰得一馬矣

與相法同四其足而雙其即但蹄不如累趨耶九方皋往視之

大笑曰此墓也汝則誤矣嗚呼駿矣而駑馬矣而蠖學之愈差

也一至此乎地學之失亦猶是也世有汪子矣者宜乎鮮矣

乙丑冬至節後覺子樂山識

蔡照堂傳

誓章

奉道弟子 ⺊⺊ 剖心瀝血敬對

天地三光拜求

祖師無極真君

凈明真君

純陽真君

景純真君

希夷真君

青烏公

黃石公

玄壇趙真君

三、元帥名科

楊救貧先生

曾公安先生

廖金精先生

賴布衣先生

謝黄羊先生

劉文成先生

家秘本

幕講無著禪師

蔣大鴻先生

右各位

祖師座下懇傳山龍水龍陰陽二宅擇吉真訣救世濟人闖前

啟後〇如有不奉

禁例禍及一身殃流九世生遭天橫死拷酆都恭行昭告仰

惟

神祇証盟〇

計開

藜照堂傳

上帝洗心歸真。

一受書人必請羽士大醮表聞。

一受書人必謹守四德嚴四戒。

一受書人必平日言語行事並不干犯聖賢條例萬勿輕示匪人以取天刑。

一開讀經訣必須盥沐焚香而後開卷否則褻慢靈文致干天咎。

一學成後己雖貧賤不得以陰陽秘旨為衣食之資人雖富貴不得以王侯大地輕許敗德之人。

一遇匪人〇不可妄傳一字輕示陰陽吉地〇

一遇厚德之人〇欲為造福必須再三叮嚀毋以公道為輕〇

一遇已葬之地不可任意圖謀改扦〇

一遇冠仇之家不得破其陰陽二宅亦不得受人囑托致

利己損人天怒人怨〇

一遇向道之人至心誠求毋以來脩不具而郤之〇

一凡指地必以真實不得以假地誆人苟貪財利〇

一是書必須緊閉不得與人盜寫偷錄致遭雷火〇

乾隆九年歲次甲子孟秋望後海邑後覺子抄錄

青囊經序

青囊經者不知出於何代相傳晉郭璞唐邱延翰皆得其書因

兩洞徹陰陽之秘唐楊筠松地理正宗亦有青囊奧語一篇流

傳於世蓋隰括其文以教後之學者則是書之為前賢所尚非

一日知然考晉書郭景純本傳所載青囊中書其門人趙戴竊

之未及讀兩為火所焚其書蓋九卷皆五行天文卜筮之術堂

其中有三卷屬相地之書如今所傳耶乃云其書為黃石公所

授赤松子述義予竊疑之考張留侯所得地上老人素書三卷

乃太公兵法不云相地書雖用兵之道神機鬼織非薰通乎陰

蔞照堂傳

陽星數不足以盡變。然是經三卷。徒無一言及用兵則非素書

可知矣。其文質直近古。似非後代淺識所能偽造。獨末篇無極

而太極圖於氣兩言。頗類宋儒必云秦漢間人所作我未敢

信。然究厥指歸。其於地理之道。廣大悉備窮本達源。而不參以

龐雜之說。將無後之深知此術者。果得圯上之遺緒乃推歐所

原而為此書耶。我謂今之學者取其說之甚正而已。若書為何

人所作可無深辨予以原註辭都擴拾不足以發作者之底蘊

故獨抽鄙見而為之傳焉。雖未敢遠儗子房竊自許夢見楊郭

有志地學者試舉是書而深求之真有見乎陰陽二氣流行止

家秘本

思之妙用即此書三卷將囊括地理而有餘諸家述作舉可廢

爾杜陵蔣平階大鴻氏撰

黃石青囊經

杜陵中陽子蔣平階大鴻氏傳

會稽門人姜垚汝皋氏較

上卷

經曰天尊地卑陽奇陰耦一六共宗二七
同道三八為朋四九為友五十同途闔闢
奇耦五兆生成流行終始八體宏布子母
分施天地定位山澤通氣雷風相薄水火
不相射中五立極臨制四方背一面九三

蔣註云先天之卦以陰陽之對待者言○前後此而無
方隅後天之卦以陰陽之流行都言○都方隅於至
其作卦之本要在於陰陽之互根則一也○按先天兌
兌離從乾裏坎艮徙坤後天乾坎艮震居陰位吳離
坤兌居陽位○所謂陰陽互根也
陽倡陰隨天一則地二奇天三則地四奇一二三四
五數始于天則六七八九十數始于地奇一六共宗
二七同道五卯兩以明天地之數相為配合非便指
五行而詒然天地之一六不必主水而水之生成宗
由于一六天地之二七不必主火而火之生成宗由
于二七蓋一二三四五六七八九十卯天地自然之
數水火金木乃天地之數卯然之生成也五兆生
成流行終始卯河圖之所自來有是斯有數卯生旣
成則有質與八體卯具貢也不相射猶言不相悖天

地定位四句此伏羲先天八卦之所自來伏羲畫八
卦以象天地山澤雷風水火即循乾一兌二之數右
行左轉以位置之所以明天下之物無往非一陰一
陽對待之象也河圖及先天八卦皆如中五為天親而
書中五立極臨制四方卿卿方隅奕中五為天親而
所生者也是應少地也對待之十為地數而合于中
五則為奇是從乎天也陽以相陰即陰可含陽即可
觀陽生于陰柔生于剛詩謂陽本陰陰本陽也詳言河圖
宏濟陽德順昌詩謂詞卿而卿和陽也詳言河圖洛
書非有二數何也其中五同一六二七三八四九
之相依六同卯謂二七為火四九為金同也洛書之
數與文王後天八卦自然配合而後天八卦宗坐于
地之八方而不亦予書之九宮文王和三才之義止
于三爻三爻之爰不過八卦而方京有八故即取伏
義所畫之卦以配之東西南北中之為金木水土
自文王以節固已窺河圖而知之矣文王以坎離即
水火鄱南北二極居天地之正中坎離二卦得卦如
之正中于是位離于卻位坎于北藏公所謂坎離代

<!-- 印章: 家秘本 -->

以舍陽陽生於陰柔成於剛陰德弧濟陽

德順昌是故陽本陰陰育陽天依形地附

氣此之謂化始

傳曰此篇以無形之氣為天地之始而

推原道之所從來也夫陽氣屬天而實

兆於地之中聖人作易以明天地之道

皆詞陰陽之卿為其根者都而已天高而

尊地下而卑然尊者有下濟之德卑者

七居旁二八四六縱橫紀綱陽以相陰陰以

乾坤之妙用是也震何必屬木而位于和兑兑何必屬
金而位于西都盡陽少助釋陰長則禎皆邪化竟不
窮之道易卯主生少主成師以為坎代坤離之央輔也
離代乾故坤居離之傲坎代坤故乾居坎之卷民既
輔震兑復代坤乃少男少女相為夫婦之道合而觀
之皆天地生二之理本如是也帝出乎震八語盖以
方位配合時令而訂御方位助釋陰此如與廟之可泊也
即处玉定復天八卦而坎卯一卯坤弯二黑與洛書
之數卯熟合一奠象之卦卯數自數書曰有一北
九南之倒家取于卦了自有乾一兑二之數何與于
書聖人因位以布卦後人即卦以標數皆不期然而
然者也是故攃加行之廊則一生水二生水三生和
四生金五生坤推五行云气則正三為和四五為火
七八為金十十一為水三六九十三為土先天八卦
乾一兑二數因乎象與二生水二出火圖後天八卦
坎一坤二數即乎運與正二卯四五卯火同
地之方位止于四正四隅以天之十二宮配之則四
隅各熟兩宮盖以方準卯之勢然也方何必配以卦

有上行之義一陰一陽一奇一耦其數
參互所以齊一其形對待所以御來天
地之連廓由此而成四時之代謝由此
而運萬物之化育由此而�</
夫此陰陽
奇耦之道隨舉一物無不有之天地無
心聖人無意自然流露而顯其象於河
圖遂有一六共宗二七同道三八為朋
四九為友五十同途之象聖人因其象
而求其義以奇者属陽而有天一天三

蕤照堂傳

即配以卦亦無乾坤與六子蓋列之理文王知六子
即乾坤而坎離獨得其氣之中宗豹乾坤之精髓以
坎離代乾坤而居中以長居右以幼居右中即陰陽
布而根之妙左右即陰陽有神割之安其義精矣坎
離震兌位既定而乾坤艮巽隨之巽次震坤次離坎
次朝皆夫婦之序艮始而兌為之代終即夫婦之義
也

天尊地卑中命言數之始八體宏布六句言卦之始
中五立極六卯背面旁屬卦一九三七二八四六為
數蓋猶是卦兩卦有定位犹此數而數有定方矣顯
字數而隱高卦其意重數不重卦也

洛書之數寓于神龜天地之秘于茲洩矣龜之首尾
四足即四正四閒之卦也首尾四足無不相稱即縱
橫家平皆如五之數也後天八卦是極位河圖似之
洛書是活數先天八卦似此天屬先死地屬後天知
之數無形地之卦育陽九關于爵一屬以布形
執無形也天數無五行生尅故首尾四足無不相稱
地卦有五行生尅故在弱而強尅中屬銳不能蓋同

天五天七天九之名以耦者屬陰而有
地二地四地六地八地十之名而有一
必有二〇有三〇必有四〇有五〇必有六〇有七〇
必有八〇有九〇必有十〇所謂參伍之數也
此一〇彼二〇此三〇彼四〇此五〇彼六〇此七〇彼
八〇此九〇彼十〇所謂對待之形也天數與
地數各得其五〇此謂一成之數而百千
萬億無窮〃數由此而推也天數地數
各得其五〇合二五而成十〇蓋有五〇即有

家秘本

以無不相稱者歸之天以不能盡同者歸之地陽純
陰駁純之理也洛書四陽數居正四陰數居隅陽
純中陰純可知矣八卦四正二陽二陰四隅六二陽
二陰四耦純陽駁可知矣純故無和純駁故不能
盡同由此而推一蟻山洛書也天地山洛書也愚嘗
以洛書之數但與土合別為金木水火四圖雖有發
明究為瞽説蓋飛潜動植芻不本于天而生于土其
形質之對待均一團耶金和水火所得擅其功也
余于地理之星体堂局元運理氣只作一個神魚看
嗚呼至矣
楊公謂洛書之數無五行最妙一白二黑□□一生金
二黑水予洛書之數不與河圖通即可于所附之色
斷之

十猶之有一即有二陰陽自然之道也
故有天之一即有地之六有地之二即
有天之七有天之三即有地之八有地
之四即有天之九有天之五即有地之
十此陰陽之數以參伍而齊一者也易
曰五位相得蓋謂此也而一六在下即
二七必在上三八在左即四九必在右
五居中即十亦居中此陰陽之數對待
而往來者也易曰五位相得而各有合

三九

蔡照堂傳

家秘本

蓋謂此也以其參伍而齊一故一畀一

耦燦然而不紊一闢一闔潛然而自應

此生成之而從出也天一生水而地六

成之地二生火而天七成之天三生木

而地八成之地四生金而天九成之天

五生土而地十成之一生一成皆陰陽

交媾之妙二氣相交而五行兆焉降于

九天之上升於九地之下周流六虛無

有休息始而終終而復始無一息不流

行無一息不交。媾當其無而其體渾然

已成當其有而其體秩然郁象聖人因

河圖之象數而卦體立焉夫河圖止有

四象而卦成八體者何也蓋一畫成爻。

交者交也太始之氣止有一陽〇是名

太陽一太陽一交而成太陰一是曰兩

儀太陰太陽再交而成少陰二少陽二

并太陰二太陽二是曰四象此河圖之

顯象也四象三交而成八卦三曰乾三

家秘本

曰兊三曰離三曰震三曰巽三曰坎三

曰艮三曰坤〇盖即河圖每方二數析之

即有八〇此河圖之象隱而顯者也〇故卦

之八〇由於四象交之〇三由於三交乾坤

二卦為毋〇六卦為子〇此八卦之子毋也

諸卦自為毋〇三爻為子〇此一卦之子毋

也〇以此分施造化布滿宇宙之間〇於是

舉陽之乾為天〇對以陰之坤為地〇謂之

天地定位〇天覆于上而地載於下也〇此

陰陽之一交而成天地者也舉陽之艮
為山對以陰之兌為澤謂之山澤通氣
山載於上而澤受於下也舉陽之震為
雷對以陰之巽為風謂之雷風相薄雷
發於下則風動于上也舉陽之坎為水
對以陰之離為火謂之水火不相射水
火平衡形常相隔而情常相親也此三
陰三陽之各自為交而生萬物者也先
賢以此為先天之卦伏羲所定本於龍

蔡照堂傳

家秘本

馬負圖而作實則渾沌初分天地開闢
之象也四象虛中而成五位此中五者
即四象之交氣乾之真陽坤之真陰皆
無形而惟土有形此土之下有黃泉皆
坤地積陰之氣此土之上為清虛皆乾
天積陽之氣而土膚之際平鋪如掌乃
至陰至陽乾坤交媾之處水火風雷山
澤諸凡天地之化機皆露於此故中五
者八卦託體儲精成形顯用之所也故

河圖洛書同此中五以立極也河圖雖
有四象而先天陽升陰降上下初分未
可謂之四方自中五立極而後四極劃
然各正其方知有四方之正位而四維
介於其間於是八方立焉統中五皇極
而為九分而布之一起正北二居西南
三居正東四居東南五復居中六居西
北七居正西八居東北九居正南謂之
九疇此雖出於洛書而是與河圖之數

符合天地之理自然發現無不同也而

其位曰戴九履一。左三右七二四為肩

六八為足其八方之位適與八方之數

均齊。聖人即以八卦隸之而次其序曰

坎一坤二震三巽四中五乾六兌七艮

八離九此則四正四維不易之定位也

數雖起一而用實首震盖成位之後以

陽用事先天主天而後天主日元子繼

體代父為政也易曰帝出乎震齊乎巽

相見乎離致後乎坤說言乎兌戰乎乾勞

乎坎成言乎艮一二三四五六七八九者

古今之禪代推移周而復始者也震巽離

坤兌乾坎艮者日月之出沒四時之氣機

運行遞謝循環無端者也先賢以此為後

天之卦昔者大禹治水神龜出洛文王因

之作後天之卦豈伏羲畫卦之時未有洛

書而大禹演疇之時未有後天卦位耶窃

以為圖書必出於一時而先天後天卦位

亦定於一日伏羲但有卦爻而文王始繫

之辭耳河圖洛書非有二數先天後天非

有二義也特老天之卦以陰陽之對待者

訓有彼此而無方隅後天之卦以陰陽之

流行者訓即有方隅矣至其佈卦之旨要

在陰陽之互根即一也夫易之道貴陽賤

陰則陽當為主而陰當為輔而此云陽

以相陰者何也蓋陽之妙不在於陽而

在於陰陽中之陽乃真陽也故陰御之

感而陽來應之化乎陰反為君而陽反

為相此經言神明之肯也然陽之所以

來應乎陰者以陰中本即郁之以類相

從故來應即豈非陰含陽乎陰含陽則

能生陽矣一切發生之氣皆陽施之則

皆陰出之者也剛柔即陰陽陰陽以氣

言剛柔以質言易曰乾剛坤柔又曰剛

柔相摩八卦相盪八卦之中皆有陰陽

則皆有剛柔若以陽為剛以陰為柔則

空乎剛生於柔矣而乃云柔生於剛都

何也○無形之氣陽剛而陰柔有形之質

陰剛而陽柔於有形之剛質又生無形

之柔氣質生氣○還生質故曰柔生於

剛也○凡其所以能爲相助能爲包含生

生不息如是者則以陰之與陽蓋自有

其德也○惟陰之德能弘大夫陽以濟陽

之施故陽之德能親順夫陰以昌陰之

化此陰陽之妙以氣相感見于河圖洛

書先後天之卦象者如此由是則可以
知天地之道知天地之道陽常本于陰
而陰常能育陽故天非廓然空虛者為
天也其氣常依于有形而無時不下濟
地非塊然不動者為地者其形常附于
元氣而無時不上升然則天之氣常在
地中而地之氣皆天之氣陰陽雖曰二
氣止一氣耳所以生天生地者此氣所
以生萬物者此氣故曰化始也

氣行于地明元運之宜乘形萌于地明星垣之有定
即形察氣訶即形星都垣而後可以乘元運也

天光為陽為元地脉為陰為元之躰陰陽相見零神
正神令也陰陽相和零神正神錯雜也凡地脉星
斬整齋者必純粹斯能得天地冲和之氣而謂之相
見星斬偏斜者必駁雜斯則不得能天地冲和之氣
而謂之相乘

中卷

經曰天有五星地有五行天分星宿地列
山川氣行于地形麗於天因形察氣以立
人紀紮微天極太乙之御君臨四正南面
而治天市春宮少微西掖太微南垣旁照
四極四七為經五德為緯運幹坤輿垂光
乾紀七政樞機流通終始地德上載天光
下臨陰用陽朝陽用陰應陰陽相見福祿
永貞陰陽相乘禍咎踵門天之所臨地之

家秘本

形止氣蓄形屬地氣屬天○註足以承天足以納氣二

句謂墨脈偽而埋邱偉也○天有象地有形地之形合

於天之象○斯天之氣即寓于地之形上下相須而成

一體矣

所盛形止氣蓄萬物化生氣感而應見福

及人是故天有象地有形上下相須而成

一體此之謂化機○

傳曰此篇以有形之象為天地之機而

指示氣之所從受也○上文既明河圖洛

書先天後天八卦之理○聖人作易之旨

盡於此天地陰陽之道亦盡於此矣然○

聖人不即作易其四象八卦皆仰法於

天○故此篇專揩天象以為言○夫易之八

家紅本

卦取象於地之五行而地之五行實因
天有五曜五曜凝精于上而五行流氣
於下天之星宿五曜之分光列象者也
地之山川五行之成形結撰者也故山
川非列宿而常具列宿之形觀其形之
兩呈即知其氣之所稟天有是形御是
氣物化自然初未及乎人事而聖人仰
觀俯察人紀從此立焉木為歲星其方
為東其令為春其德為仁火為熒惑其

方為南其令為夏其德為禮土為鎮星
其方為中央其令為季夏其德為信金
為太白其方為西其令為秋其德為義
水為辰星其方為朔其令為冬其德為
智洪範九疇所為敬用五事繼用五福
五紀八政皇極廢徵皆自此出故聖人
御世宰物一天地之道也備言天體則
有七政以司元化日月五星是也有四
垣以鎮四加紫微天市太微少微是也

家秋本

有二十八宿以分布周天○蒼龍七宿角
亢氐房心尾箕○朱鳥七宿井鬼柳星張
翼軫白虎七宿奎婁胃昴畢參觜玄武
七宿斗牛女虛危室壁是也○四垣即四
象七政即陰陽五行之根本○其樞在北
斗而分之四方為二十八宿○故房虛昴
星應即心危畢張應卯角斗奎井應歲
星尾室此翼應熒惑亢婁牛鬼應太白
箕壁參軫應辰星氐女胃柳應鎮星臨

制其方各一七政也澤天周而雖云四
方而已備八卦二十四爻之象契非經
無以立極非緯無以贊化一經一緯真
陰真陽之交道也交道維絡而後天之
體環周而固於外地之體結束而安於
中此元氣之流行自然而成器者也其
始無始其終無終包羅六合入於無間
雖名陰陽一氣而已人能得此一氣則
生者可以善其生而死者可以善其死

地理之道蓋人紀之端此端既立則諸

政以次應之故聖人重其事其用在地

而必求端於天本其氣之所自來也然

氣不可見而形可見不可見之氣即寓

於有可見之形形者氣之所成而即以

載氣氣發於天而載之者地氣本屬陽

而載之者陰故有陰即有陽地得其所

則天氣歸之天地無時不交會陰陽無

時不相見相見而得其冲和之正則為福

德之門相見而和得其沖和之正助為
相乘而名禍咎之機禍福殊途兩爭一
間良足畏也且亦知星宿之所以麗於
天山川之所以列於地者乎天之氣無
往不在而日得天之陽精而恒為日月
得天之陰精而恒為助五曜得天五氣
之精而恒為緯至於四垣二十八宿象
星環列又得日月五星之精而恒為經
此助在天之有形者皆以戴天之氣也

家秘本

地之氣無往不在而山得日月五星之

氣而恒為山川得日月五星之氣而恒

為川山即在地之有形者有以載地之

氣也列宿得天之氣而生於天列宿與

天為一體也山川得地之氣而生於地

山川與地為一體也萬物之生於天地

何獨不然夫萬物非能自生借天地之

氣以生然天地非有意於生萬物萬物

自有其機焉適與天地之氣相遇于窅

冥冥惚惚之中夫有所沾濡焉夫有所綱

繆焉夫有所苞孕焉遂使天地之氣止

而不去積之累之與物為一乃勃然以

生爾地理之道必使我所取之形足以

納氣而氣不我去則形與氣交而為一

必使我所據之兆足以承天而天不我

隔則地與天交而為一夫天地形氣既

合而為一則所葬之骨而與天地之氣

渾一而死魄生人氣脉灌輸亦無不一

起。使隱。鄉以。穴塲鄉太。極。

家秘本

福應之來若機張審措所謂化機也不
然。蓄之無門止之無術雖周天列宿炳
曜中天。而我不蒙其照雖大地陽和湾
流八表。而我不沾其澤天為売廓地為
稿壞骨為逺枛子孫為寄生我未見獲
福也可不慎乿

下卷

經曰無。極而。太。極也理寓於。氣氣圓於形
日月星宿剛氣上騰山川草木柔氣下凝

此條雜與
蒋云不合
而理覺較
膝識者見
得粹彼非
二局天地
非二氣方
怳止于此
解之獨有
千古

地有天之四勢蒼龍朱雀白虎玄武也氣從地之八
加乾坎艮震巽離坤兑也然不獨天有氣地亦有氣
天氣在外時行於地廓之腠理地卻在內足以印山陽精
之沖惟能止陽精之沖而太極在是知乘風則散界
水則山又推明其所以散所以止也地有四勢一句
訂聖垣燕建八方三句訂元運細玩蒋註因方成形
教行似以通行幹水為外氣號開小水為內氣其意
亦善然小水乃穴地之命脉不得拘俗説但以界水
目之婦尋録謂之陰水甚善

順五兆察星躰也用八卦排六甲布八門
攺局照也惟五運定六燕以地局合天星而無廢其
孤虛相也

水氣布於和風地氣散于飄風氣乘風則散界水則
止盖謂地氣坐不怕風向卻怕風以坐有水向無水
也坐處得來水回把風自不能散勿盖向前低陷則
穴中之氣為對面之風所乘而不能不散夾穴左六

資陽　昌用陰以成陽德有象陰德有位

地有四勢氣從八方外氣行形內氣止生

乘風則散界水則止是故順五兆用八卦

排六甲布八門推五運定六氣明地德立

人道因變化原終始此之謂化成

傳曰此篇申言形氣雖殊而其理則一

示人以因形求氣為地理入用之準繩

也易曰易有太極是生兩儀太極者所

謂象帝之先先天地生能生天地萬化

右仍乃坐水之輔佐對面低乃坐水之冠仍山地坐後
之低隈與平洋向前之低隈一例看
觀坐後之水不空漏腳可知向前之風不宜冲心
平洋案地求龍都大抵以山為例余請推其例于平
淨水牆在衰敗之倒起其例于山龍山盡為山惡之
神其遭禍之深且欠所必然矣時師不識水龍即
辨其不識山龍

之祖根也。本無有物無象無數無方隅
無往不在言太。極即無極可知後賢立
說應學者以太。極為有物故申言以明
之曰無極而太。極也。大而天地細而萬
物莫不各有太。極物物一太極一物全
其一天地之理人知太。極物物皆其即
地理之道思過半矣理寓於氣氣一太
極也。氣圓於形形一太。極也。以至日月
星辰之剛氣上騰以剛中有太。極故能

上騰山川草木之柔氣下凝以柔中郁
太極故能下凝資陽以昌資之以太極
也用陰以成用之以太極也太極之所
顯露者謂之象而所宣布者謂之位地
無四勢以太極乘之而命之為四勢氣
無八方以太極御之而命之為八方勢
與方者其象其氣而命之為勢為方者
其極極豈有定耶則勢與方以豈有定
耶四勢之中各自有象則八方之中亦

各自有氣〇然〇此諸方之氣皆形行之氣

因方成形只謂之外氣〇即住其流行而

無此蓄即從〇八方而来者還從八方而

去千山萬水僅供耳目之玩如傳舍如

過客總不足以溥發靈機滋荄元化必

有為之內氣者焉所謂內氣非〇內師所

却即外来流行之氣於此乎止有此一

止即八方之行形都皆挹欄翕聚乎此

是一止而無所不止于〇此而言太極乃

為。真。太極矣。無所不止。則陽無所不資。

陰無所不用。而生生不息之道在其中。

太極生兩儀。兩儀生四象。四象生八卦。

萬事萬物皆胚胎于此前篇所謂形止

氣蓄萬物化生盖謂此也。然但言止而

不申明所以止之義恐世之審氣者茫

然無所措手故舉氣之至大而流行無

間者曰風曰水夫風有氣而無形稟乎

陽者也。水有形而兼有氣稟乎陰者也。

然風稟乎陽而陽中有陰焉水稟乎陰

而陰中有陽焉二者皆行氣之

陽者從風而行氣之陰者從水而行而

行陽氣者反能散陽以陽中有陰也行

陰氣者反能止陽以陰中有陽也大塊

之間何處無風何處無水風原不能散

氣所以噓之使散者病在乎乘水原不

能止氣所以吸之使止者妙在乎界尚

能明乎乘與界之為義審氣以定太極

之法概可知矣上文反覆推詳皆泛言

形氣之理至是乃寔指地理之用於是

總括其全焉順五兆以五星之正變審

象也用八卦以八方之衰旺審位也排

六甲以六甲之紀年審運也布八門以

八風之開闔審氣也地理之矩矱盡于

此矣推五運以五紀之盈虛審歲也定

六氣以六氣之代謝審令也謹歲時以

扶地理之橐籥盡於此矣如是則太極

家　秘　本

不失其正而地德可卿然聖人之明地

德也非徒邀福而已蓋地之五行得其

順則人之生也五德俱其全而五常若

其性聖賢豪傑接踵而出而禮樂刑政

無不就理豈非人道自此立乎然此亦

陰陽變化自然之道雖有智者不能以

私意妄作夫亦深知其所以然因之而

已夫卜地葬親乃慎終之事而子孫之

世澤皆出其中則人道之所以終即為

人道之所以始○然則斯道也都聖人開
物成務○無有大於此者也○謂之化成空
然

雲間云吾于汪宜耀士雲氏著

養老猶云娛老、

天為陽地為陰天為雄地為雌二雄自有真雌真雄
陰陽自有真陰真陽言地理者只從干支方位上分
雌雄別陰陽摠昏以雌為雄以陰為陽耳三字青囊
經黃石青囊經俱已言之鼕鼕不知何以千載猶長
夜也今曾公首唱此語真濟世之津梁救世之諸民
書不識能憬然省悟否

青囊敍

杜陵中陽子蔣平階大鴻氏註

門人

臨安于鴻儀膺仁氏

會稽姜　垚汝皋氏　較正

楊公養老看雌雄天下諸書對不同
雌雄者陰陽之別名乃不云陰陽而云
雌雄者言陰陽即陰自為陰陽自為陽
疑乎對待之物互顯其情者也故善言
陰陽者必言雌雄觀雌則不必更觀其

蔡照堂傳

家秘本

雄而知必有雄以應之觀雄即不必更

觀其雌而知必有雌以配之天地一大

雌雄也山川雌雄之顯象者也地有至

陰之氣以掇攝天之陽精天之陽精日

下交於地而無形可見止見其艸木百

穀春榮秋落蛟龍蟲豸升騰藏蟄而已

故聖人制婚姻男先乎女亦以陰之所

在陽必求之山河大地其可見之形皆

陰也是有不可見之陽以應之所謂雌

雄者也故地理家不曰地脉而曰龍神

言變化無常不可以跡求都也青囊經

所謂陽以相陰陰以含陽者此雌雄也

所謂陽本陰陰育陽者此雌雄也所謂

資陽以昌用陰以成者此雌雄也楊公

得青囊之秘洞徹陰陽之理晚年其術

益精以此濟世即以此養生然其中秘

密惟有看雌雄之一法此外更無他法

夫地理之書汗牛充棟獨此一法不肯

金龍謂水水生於金故名水龍為金龍也動不動謂
到頭之水山竅即動竅先看到頭次認来脉水對三
叉細認蹤便是認来脉也
於水為止于氣為止水之靜即氣之動也大抵成星

筆之於書先賢口口相傳間世一出盖
自管郭以來古今知者不能幾人既非
聰明智巧所能推測又豈閱覽博物所
得與聞會者一言立曉不知者累牘難
明若欲向書卷中求之更河漢矣故曰
天下諸書對不同也曾公安親受楊公
之秘故其所言深切著明如此
先看金龍動不動次察血脉認來龍
此以下乃言看雌雄之法也金龍者氣

家秘本

體即動不成星體即不動星體既合然後察其血脈
分別元運以乘之

之無形者也龍本非金而云金龍者乃
乾陽金氣之所生故曰金龍動則屬陽
靜則屬陰氣以動為生以靜為死生者
可用死者不可用其動大者則大用之
其動小者則小用之此以龍之形象言
也形象既得斯可辨其方位矣血脈即
金龍之血脈非龍而實龍之所自來所
謂雌雄者也觀血脈之所自來即如龍
之所即來矣察察其血脈之來自何方

家秘本

也知血脈之來自何方即可認龍之來

卽何方矢此楊公看雌雄之秘訣而非

世人倒杖步量之死格局也俗註辰戌

丑未四金惡煞為金龍者非

龍分兩片陰陽取水對三义細認踪

兩片即雌雄陰在此卽陽必在彼兩路

相交也三义即後城門界水合襟必有

三义細認踪即察血脈以認來龍也知

三义之在何方即知來龍之屬何脈知

俗註以兩片為左旋右旋以三義為生
旺墓非

江南龍來江北望江西龍却望江東
此所謂兩片也金龍本在江南而所望
之氣脉反在江北蓋以有形之陰厥求
無形之陽氣也楊公看雌雄之法皆從
○慶○真○魄故立其名曰大玄空雖云
兩片寔一片也俗註江南午丁未坤為
一卦江北子癸丑艮為一卦共一父母

偽書郭離子有偽大玄空之訣行世其訣以子寅辰
乾丙乙為金以卯巳丑艮庚丁為水以午申戌坤壬
辛為木以酉亥未癸甲癸為火以金水十二干支為
陽以木火十二干支為陰陽龍用陽向陽水陰龍用

陰向陰水人以金加巽以木加干以水加坤以火加
酉龍向與水遁桐轉加以取生旺其說謂烏柴家求
空寫五行之肩而存乎神曉五行顯然之蹟而只於
空寫加求以為真龍之骸脫骨所以爻化而孤測故
古人稱之為秘密在查空真偽說如是愚謂天地之
理不外陰陽天地一大陰陽山川各有真陰陽萬
可強兩目之陰強而目之為陽乎五行自有一定之
廊干支自有一笑之位豈可強而移之于東強而移
之于西乎天地之道有爻化而無虛幻陰陽之理極
待微而極易簡郁離子之訣能支離破碎穿鑿人
在翻卦之下其虛幻怪誕正與天地易簡之理截相
反真偽書之尤者也我恐好奇者惑于其說故附錄
於卌以為後學深戒焉

江西申庚酉辛戌乾亥為一卦〇江東寅〇
甲卯乙辰巽巳丙為一卦共一父母兩〇
卦之中互相立向者非〇
是以聖人卜河洛纏間二水交華嵩相其〇
陰陽觀流泉〇卜年卜世宅都宮〇
此即周公卜洛之事以證地理之道〇惟〇
在察血脈認來龍也〇聖人作都不言華〇
嵩之脈絡而言瀍澗之相交〇即知所認〇
之來龍〇認之如纏間也〇又引公劉遷豳

朱雀發源生旺氣○盖指山元紀龍而訁○是句水察龍

众源之生旺與来龍之生旺各有分別不可錯認盖
和龍此合□知旺和源口为必對為出旺此堂神
正神之所分也若一誤恐然旺相反求福得祸甚害
不可勝遒學者真知之

相陰陽觀流泉以合觀之見聖人作洴○

千古一揆也○

晋世景純傳此術演經立義出玄空朱雀

發源生旺氣○一一講說開愚蒙

推原玄空大卦不始於楊公盖鄠景純

先得青囊之秘演而立之直追周公剖

作之精意者也○乃其義不過欲朱雀發
此是陰語必後者

源得生旺之氣耳○来源既得生旺即是

来龍生旺而諸福坐致矣○来源若非生
不可錢解

蔡照堂傳

吾言此二字
山舉上元氣運之序以例中下兩元也至於山剛水柔
當是代龍陰陽異質自然各自成局不必相兼此理易明何消
字龍陽好說得兩難明都氣運之陰陽耳
陰故曰此山以實為陰空為陽水以空為陰實為陽故曰山管
是陰陽不山芳水管水此是陰陽不待言
待言

天元歌云水龍原不異山龍將水作山以類從水龍
即是山龍樣段幹分行事三同山性本火主炎上水
性純水主潤下自上而下山之止自外而入水之止

家秋本

旺則来龍亦非生旺而禍不旋踵矣景
純當日以此開喻愚蒙其如愚蒙之領
會者少也俗註龍取生旺之氣於穴中
水取生旺之氣於穴前又指氣之生旺
為長生帝旺墓庫合三义者非
一〇生〇二〇生〇三〇生〇萬物是如開山管
山芳水管水此是陰陽不待言
陰〇陽〇之妙用始於一有一〇爻即有三〇爻
有一〇卦即有三〇卦故曰一生二二生三

其戌胎落脈同其雌雄對待同其元運生旺同經言
山管山管水者言山龍自山龍水龍自水龍耳非
謂山水有兩樣實渾也

此乃天地之玄關萬物生生之橐籥也
又恐人認山水為一而不知辨別故言
山之玄關自管山而水之玄關自管水
不相混雜蓋山有山之陰陽而水有水
之陰陽爾通乎此義則知世之言龍穴
砂水者真未夢見矣俗註生旺墓三合
為玄關者非

陽以旺為旺以生為生陰以衰為旺以死為生
裏旺生死即墦厚平旺熬之謂坐山來水非一坟之
山水在山言山在水言水也前代多擊龍格故謂
水為來
識得陰陽玄妙理知其衰旺生與死不問
坐山與來水但逢死氣皆無取

汪氏地理辨正發微 附 地理辨正真本

蔣煦堂傳

家秘本

此節暢言地理之要只在衰旺生死之
辨也衰旺有○運○生死乘時陰陽玄妙之
理在乎知時而已坐山有坐山之氣運
來水有來水之氣運所謂山管山水管
水也二者皆須趨生而避死從旺而去
衰然欲識此理非真知河洛之秘者不
能豈俗術所傳龍上五行收山向上五
五行收水順逆長生之說所能按圖而
索驥乎

地局只有八卦○四正各一爻○一爻可當兩干○四隅各
二爻二支○實為一卦○今四正列一爻於兩干之中○兩
四隅列一卦於二爻之中○所以湊足二十四數合成
每卦三爻○非真有二十四範之可知也○

先天羅經十二支○後天再用干與維八干
四維輔支位○子○母○公○孫○同此推
羅經二十四路已成之迹○人人所知○何
須特舉此節○非言羅經製造之法○蓋將
羅經直指雌雄交媾之玄關○以明衰旺
生死之作用云爾○十二支乃周天列宿
之十二次舍○故曰先天地道法天雖有
十二宮而位分八卦○每卦三爻○則十二
宮不足以盡地之數○故十干取戊巳歸

蔡照堂傳

中以為皇極而分布八千為四正之輔

佐然猶未足卦交之數遂以四隅四卦

補成三八於是卦為之母而二十四位

為之子為卦為之○而二十○四路為之

孫馬識得子母公孫則雌雄之交媾在

此金龍之血脈在此龍神之衰旺生死

点盡乎此知俗註子寅辰乾丙乙一龍

為公午申戌坤辛壬二龍為母卯巳丑

艮庚丁三龍為子酉亥未巽癸甲四龍

一二三四五六七八九為順九八七六五四三二一
為逆二十四山各有順逆故曰共成四十有八局先
天五行有交媾而無生尅故楊公每以交媾為五行
又以為玄空又揔名之曰大玄空五行一順一逆是
為交媾故曰五行即在此中分而其所以交媾則存
乎元運故由於天地陽衰陰合之理故曰祖宗
祖却從陰陽出祖宗謂元運也以其出於天之陽故
從右而順以其出於地之陰故從左而逆左轉右轉
順謂向之逆謂背也正神空向零神空坐
五行謂元運祖宗即情陰陽而謂順
卻地陽謂天也五邊右路只是對待之象非左順右
逆之謂

字勿泥波州偉方寛

上元龍自一始何甞是左轉

下元水自三始何甞是右轉

為孫非

二十四山分順逆共成四十有八局五行
即在此中分祖宗都從陰陽出陽從左邊
團團轉陰從右路轉相通有人識得陰陽
者何愁大地不相逢
此一節申言上文未盡之旨也子母公
孫如何取用益二十四山止應二十四
局而一山之局又有順逆不同如有順
子一局即有逆子一局一山兩路豈豈非

順即是龍順即是山水
逆即是龍逆而即是雌

真陰真陽指天地而言

四十八局乎此局得何五行則龍神得

何五行五行不在此中分乎然五行之

根源祖宗非取有形可見有跡可尋之

二十四山分五行乃從玄空大卦雌雄

交媾之真陰真陽分五行也論至此玄

空立卦之義幾乎盡矣又恐人不知陰

陽為何物又重言以申明之曰如陽從

左邊團團轉則陰必從右路轉相通言

有陰即有陽有陽即有陰而謂陰陽相

見雌雄交媾玄空大卦之秘旨也訌在

右即上下四旁皆如是矣此即上文龍

分兩片江南龍來江北望之意而反覆

言之者也其奈世人多從形跡上着眼

不能領會玄空大卦之妙故又發歎曰

有人識得此者乃識真陰陽真五行真

血脈真龍神隨所指點皆天機之妙何

慈大地不相逢乎若不識此雖大地當

前目迷五色未有能得其旨者也俗註

家秘本

陽山陽向水流陽此山水是一坟之山水循納甲之
法而求淨陰淨陽于有形之山水即一卦三爻之分
水炭其於一山之外再收一水足矣拘泥如此豈不
可哭之甚乎玄空大卦凡有形之山水皆屬陰而與
無形之陽相為一體方能加雜便是陰陽相見而如
為可曾之事方欲三卦皆全豈油心於一山一水卦

非

陽龍左行為順陰龍右行為逆陽亥龍
左行為甲木陰亥龍右行為乙木之類

非

陽山陽向水流陽執定此說甚荒唐陰山
陽向水流陰笑殺拘泥都一般若能勘破
個中理妙用原來同一體陰陽相見兩為
難一山一水何足訃
又言所謂識得陰陽者乃玄空大卦真
陰真陽而非世之所謂淨陰淨陽也若

據淨陰淨陽之說則陽山必須陽向而

水流陽陰山必須陰向而水流陰時師

拘拘於此而不知其實無益也真陰真

陽自有個中之妙世人不得真傳無從

勘破爾若有明師指點一言之下立時

勘破則知不但淨陰淨陽不可分所謂

真陰真陽者雖有陰陽之名而止是一

物又何從分既知陰陽為一物則隨手

拈來無非妙用水與山為一體陰與陽

為一體二十四山○○○卦氣相通者皆為○

體兔夫净陰净陽都一山止論一山之

陰陽一水止論一水之陰陽故拘執有

形不能觸類旁通耶玄空大卦一山不

論一山之陰陽而論與此山相見之陰

陽一水不論一水之陰陽而論與此水

相見之陰陽所以為難知難能而入於

微妙之域此豈净陰净陽之說拘於有

形者所可同年而語哉

家秘本

二十四山猶云二十四位不專指坐山每一位順通
兩用故曰雙：起五行即元運分布者即一山而分
零神正神以布之也分布與雙起同義

二十四山雙雙起少有時師通此義五行

分布二十四時師此訣何曾記

此即上文二十四山分順逆之義而重

言以嘆美之雙雙起者一順一逆一山

兩用故曰雙雙也五行不相假借也雖云如此

山各自為五行不相假借也雖云如此

而其中寔有奧義惟得秘訣者乃能通

之時師但從書卷中搜索必不得之數

也於此可見二十四山成格有定執指

南者。人人能言之。而微妙之機不可測

識矣。俗註乾亥為一、甲卯為一丁未為

一之類。釋雙雙起者非。

山上龍神不。下水。水裏龍神不。上山。同此

量山與步水百里江山一晌間

此即上文山管山水管水之義而重言

以嘆美之。且又以世人之論龍神但以

山之脉絡可尋者為龍神即其所用水

法亦以山龍之法。下求乎水以資其用

家秘本

山水非。有兩龍神。與元運。同也而各即有龍神其

脉絡。初也。世之言淨陰淨陽。與左旋右旋都但以山

脉之可尋者為龍神而以水配之。初不知山之龍神

即有在也。其於平洋不用此法。初不知水之龍神即

有在也。哀哉

即不知山與水乃各自有龍神也特為

指出以正告天下後世焉山上龍神以

山為龍者也專以山之陰陽五行推順

逆生死而論水裏龍神以水為

龍者也專以水之陰陽五行推順逆生

死而山非所論剛柔異質燥濕異性分

路揚鑣不相借也即有山龍而亦得水

龍之氣者以山自為山水即為水非可

以山之陰陽五行混入乎水之陰陽五

蔡照堂傳

前後八尺不宜雜此是穴場上牽線打十字之滴線
長六七丈看准羅經向上一字坐上一字入口一字
盡頭一字其八尺皆無雜然則滿局之無雜然與穴
中之無雜即俱可知矣兩所謂不空雜都充在貼身
一節故將註特明言之讀都勿悞認八尺為來情
身一短節也前後曲水是正受的抱穴小水之入口
與喜處是斜受的陰謂四閼陽謂四正陰旺取陰陽
旺取陽以上言攀騎二格其案二格曲水皆歸于抱
就牽線格水而言其案二格曲水皆歸于抱穴小水
以陰陽為拘也龍神二句承三節四節未如發足自
離至坎而入首後自兌至震於上元立龍頭穴卯向
受之弘乎來山以下言挨龍格來山即起頂即
入首三節四節從入首數至發足處不酒拘言不必
以陰陽為拘也何必拘哉將註龍神生旺即措一
收震兌於穴中雖由穴望發足處為坤似乎無水其
陰陽與穴中有珠然其水自離至坎忿後合元即卜
龍神未嘗不旺也何必拘哉將註龍神生旺即措一
二節之起頂而以陰陽育珠措三節四節文理似乎

家秘本

行也山則量山以辨山之純雜長短水
則步水以辨水之純雜長短得此山水
分用之法百里江山一覽在目此青囊
之秘訣亦青囊之捷訣也嗚呼此言自
曾公安剖露以來於今幾何年矣而世
無一人知者哀哉俗註論山用雙山五
行從地卦查來龍入首論水用三合五
行從天卦查水神去來者非
更有淨陰淨陽法前後八尺不空雜斜正

九六

未順

每兩槍為○穴○縱橫皆八尺○準此而推二十四位○每位各管八尺○以有正受于息者子息之○八尺○毋使或缺槎之四圍○偏有斜受父母都父母之八尺○毋使或缺槎之四圍○十九丈二尺之中合宗與空而成太極取陽於宗取陰於空空乘旺熟却可和一毫宗雜也然太極点非限於十九丈二尺也地局愈大則所謂不宜雜者不止每位八尺矣八尺言其最近似乎小水之八○曲水之朝堂俱不在内故又申言之曰来山起頂湏要知即山以例水言小水合處曲水朝堂處謂之○師在和可但詳於骨脈所怨无与方位也則入口處為一節朝堂處為二節小水而言則朝堂處自有一節二節至三節以後但須骨脈不雜龍神生旺而放位之陰陽不盡與穴中相合知由山推必兑左右鉗水各有三四重者惟此小水一重必入處壽廡分位清純如係合和極餘即骨脈所乘其方位和如熟拘也曰八尺不雜其言其最近也一節之後者但指為来熟逆使通篩文理難於胃串閒知山上

受来陰陽取氣乘生旺方無熟来山起頂湏要知三節四節不湏拘只要龍神得生旺陰陽却與穴中殊

此净陰净陽非陽龍陽向水流陽之净陰净陽也盖龍脈只從一卦来即謂之净若雜他卦即謂之不净而辨净與不净尤在貼身一節或從前来或從後至湏極清純不得混雜八尺言其最近也言此尤為扼要所謂血脈也一節之後

蔡照堂傳

龍神不下水水裏龍神不上山以來焉各有在也上
言未熙此言堂燕局焉故以更有二字邠來束之
遠彰諸百里堂燕局焉之迤辨以八尺郒語意儘明印
来指水腙堂指水位脉倒合一而後成局即宗地之
勲知在功夬故局焦專以宗地訂本文之意即宗即
熙坐玉和熙堂熙子脉必須在坎位卯脉必須在震
倒若貼身一節在每位八尺之內即其內即位以㨿
也覌八尺言其最近一語可以知之
脉可不動穆蔣註雖重而在入口之脉只不離乎位
審脉之法自一節以至三節四節並重而註以為尤
山起頂須要知之故於節末二句未曾鮮勿誤認
重到頭者以到頭必脉與位合一也
此節熙攀騑挨三夬揢即挨龍三夬未必盡居生
旺但眼穴像一節及盡頭八尺陰陽不雜而已由穴
後一家以至盡頭一宮其中必更有不合元之一宮
間之緣小不勝小水㸃同此例
二十四位每位管八尺四圍共卌九丈二尺
對折三丈二尺處後則宗地一丈零把水二夬零合

即少寬矣此節湏純乎龍運生旺之氣
若一雜他熙即是熙吉中有凶矣来
水如此来山亦然湏審其起頂出脉結
穴一二節之近要得龍神生旺之氣蓋
龍頂上聚受氣廣傳能操禍福之柄即
或直来側受之穴結凶之處與来脉不
同而小不勝大可無虞也山以知山上
龍神水裏龍神皆以来脉求旺而尤重
在到頭一節學者不可不慎也俗註以

前半三丈二尺。始成太極。若用分金兼向。耶向上八
尺。甲庚四錯。非太極之本然矣。
天上二句。以星之成垣引起水之成局。水交三八謂
大幹與小幹相過謂小幹由前至後由後至前有環
抱之勢也。串環抱如邪開小棪乃接邪乃進口與乘
脈與骨與位即住一元謂之會能會即能接邪矣
○雁喻流水鵝喻止水雁野鳥鵝家禽鵝雁同羣
有何分別

左轉右轉順逆為陰陽者非

天上星辰似織羅○水交三○八○要○相過○水發○

城門須要會○卻如湖裏雁交鵝

此以天象之經緯喻水法之交會也○列

宿分布周天而無七政以交錯其中○則

乾道不成而四時失紀矣○幹水流行地

中而無枝流以界割其際○則地氣不收

而立穴無據矣○故二十四山之水其間

必有交道相過○然後血脈真而金龍動○

大幹小枝兩水相會合成三义兩足所

謂城門者是也湖裏雁交鵝言一水浸

左來一水從右去兩水相遇如鵝雁之

一往一來也詳言水龍審脉之洳而立

穴之妙在其中矣

富貴貧賤在水神水是山家血脉精山靜

水動晝夜定水主財禄山人卩乾坤艮巽

獅御階四大尊神在內排生尅須憑五行

布要識天機玄妙處乾坤艮巽水長流吉

水是山家血脉精言水是崐山之至審山靜須看厚

薄以斷人卩水動湏察衰旺以斷財禄五行謂玄空

吉神先入謂入口八尺

靜主人卩動主財禄乾坤艮巽○借以明穴場之四隅

有米朝之水也　俗法昭穆叢術惟四隅之水先入者

吉

神先入家豪富

乾坤艮巽各有衰旺生死。非可概用。須
用五行辨其生剋。生即生旺冠即衰死。
生為吉神死為凶神。要在玄空大卦。故
云天機玄妙處也。

請驗大家舊日坟。十坟埋下先坟飯。惟有

一坟能發福去水來山盡合情

宗廟本是陰陽𤰞得四失六難為全。三才

六建雖為妙。得三失五盡為偏。蓋因一行

此節兩以明吉神先入家豪富也。一家猶云一姓大
抵一姓之地恒在一處九坟貧而一坟發福以吉神
先入之故先入于此則其力不復及于彼矣
一坟發福或由中氣或由貼脈或由盡結不可執一
而論
凡看水只看直處曲處入處止處
入口不雜而以邪氣盡蜂不雜而以鋤氅攀龍後閣
籍此炤山出熱抱乃可謂之仙方

一〇二

蔡照堂傳

家秘本

擾外國遂把五行顛倒編以訛傳訛竟不

明所以禍福為胡亂

此節旁引世俗五行之謬以見地理之

道雖有卦空大卦者雌雄之法所以尊

師傳戒後學也蓋唐以後諸家五行雜

亂而出將以擾外國而反以禍中華至

今以訛傳訛流毒萬世曾公所以深切

辨之也

青囊序終

龍江云吾子汪宜耀士雲氏著

青囊奧語

唐救貧先生楊益筠松氏著

楊公得青囊正訣○約其言為奧語○以

玄空之理氣用五行之星體而高山

平地之作法已該括於其中○然非得

真傳口訣者索之章句之末○終不能

辨謂之奧語誠哉其奧語也○

會稽姜垚汝皋氏註

坤壬乙○巨門從頭出○

二一三○

○艮兩辛○位位是破軍○

八九七○

藜照堂傳

汪氏地理辨正發微 附 地理辨正真本

一○三

家秘本

四代五六〇

巽辰夾盡是武曲位甲癸申會狼一路行〇三一二〇

姜氏曰挨星五行即九星五行也貪巨

禄文廉武破輔彌一一挨去故曰挨星〇

玄空大卦五行点即挨星五行名異而

實同者也此五行原本洛書九氣而上

應北斗主宰天地化育之道幹維元運

萬古而不能外者也此九星與八宮掌

訣九星不同唐使僧一行作卦例以擾

外國專取貪巨武為三吉其寔非也夫

九星乃七政之根源八卦乃乾坤之法
象皆天寶地符精華妙氣顧於其中分
彼此比優劣真庸愚之識詭惟之談與
止是天地流行之妙與時相合者吉與
時相背者凶故九星八卦本無不吉而
有時乎吉本無有凶而有時乎凶所以
其中有趨有避真機妙用全須秘密耳
真知九星者豈惟貪巨武為三吉即破
祿廉文輔弼五凶亦有吉時豈惟乾坤

坎離四陽卦為山即震巽艮兌四陰卦〇

亦有鹵時斯得玄空大卦之真訣矣奧

語首揭此章乃挨星大卦之條例坤壬

乙非盡巨門而與巨門為一例艮丙辛

非盡破軍而與破軍為一例巽辰亥非

盡武曲而與武曲為二例甲癸申非盡

貪狼而與貪狼為一例此中隱然有挨

星口訣必待真傳不可推測而得若俗

註以坤壬乙天干從申子辰三合為水

家秘本、

左為陽右為陰○左右即天地○若云天運自午丁至巳
兩即必云地脉自子癸至申壬矣○於陽露壬子癸字
面於陰露丙午丁字面如重會之意也

局故曰文曲艮丙辛天下從寅午戌三
合為火局故曰廉貞之類謬矣又有云
長生為貪狼臨官為巨門帝旺為武曲
亦謬○
左為陽子癸至亥壬右為陰午丁至巳丙
姜氏曰此節言大五行陰陽交媾之例
如陽在子癸至申壬即陰必在午丁至
巳兩矣自子至壬自午至兩路○有陽
路必有陰以此為例須人自悟也非拘

蔡照堂傳

一〇七

定左邊為陽右邊為陰〇若陰在左邊
陽〇又在右邊矢〇亦可云左右亦可云東
西亦可云前後亦可云南北〇皆不定之〇
位〇雌雄交媾非有死法〇故曰玄空俗註
有子丑至戌亥左旋為陽自午巳至申
未右旋為陰謬矣〇
雌與雄交會合玄空〇雄與雌玄空卦內推〇
姜氏曰玄空之義見於曾序江南節註
山與水須要明此理水與山禍福盡相關〇

有山禍而水福後左右低陷有山福而水禍後左右
高聳有山水皆福向前界水高峯在遠有山水皆禍

鑿破腦後高壓胸前禍福盡相關言山水同一太極
自然彼此相關也
一山靜故龍脉不妨直來水動故惟曲折為和平之氣

姜氏曰山有山之卦氣水有水之卦氣
脫不得陰陽交媾之理山有山之禍福
水有水之禍福有山禍而水福有山福
而水禍有山水皆福有山水皆禍互相
關涉品配為用
明玄空只在五行中知此法不須尋納甲
姜氏曰九星五行大卦之法只明玄空
二字之義則衰旺生死瞭然指掌之間
不必尋乾納甲坤納乙巽納辛艮納丙

蒙照堂傳

曰順逆行則有顛倒有不顛倒矣所以有火坑

家秘本

兌納丁震納庚離納壬坎納癸之天父、

地母一行所造卦例矣

顛顛倒二十四山有珠寶順逆行二十四

山有火坑

姜氏曰顛倒順逆皆言陰陽交媾之妙

二十四山陰陽不一吉山無定合生旺

則吉逢衰敗則凶山山皆有珠寶山山

皆有火坑毫釐千里間不容髮非真得

青囊之秘安能辨之乎

金龍有經有緯米荆絲也局照緯也以小幹兩義經
緯即巳動矣而小枝未開雖動猶不動也高人妙用
如何可巳
照神皆屬局照

認金龍一經一緯義不窮動不動即待高
人施妙用

姜氏曰易曰乾為龍乾屬金乃指先天
真陽之氣無形可見者也地理取義於
龍正謂此耳一經一緯即陰陽交媾之
妙金龍之經緯隨處而有而後妙
去取分焉必其龍之動而後妙用出焉
若不動者不可用也金龍既屬無形浸
何可認認得動處即知用法所以有待

蒜照堂傳

家秘本

第一義要識龍身行與止擎来水三折四折龍身
之行也曲折之後作大灣跑向左右則是龍身
之止也此雌雄之妙如邪而正地有間與一道卑
鱺之行止尤為易晓第二言来脉明堂不可偏来脉
即峻厚錄所謂来脉明堂即端厚錄所謂堂和来脉
辨骨明堂辨勾二者當凱而収之無偏厥也或以為
子脉必平何則午何而非子脉肴者多矣豈可拘为第
三法偉逆功曹不高壓几立右護龍之砂最忌高突
第四奇明堂十字有玄微明堂即穴中之法挖其継和而
字有継有横於其構前俯水立穴之法挖其継和而
尉恖命之法立穴前半属陽後半属陰两右忙如低
故後半另開小水必裁其廣狭長短以定此十字十字
所謂有玄微也謂六堪為明堂者以此時猶未立穴
也挨龍不另開小水而其玄微則同第五妙前後肴
其空是為相趾後低龍虎平埋孟仲季之公位可傳
其空是為相趾第六秘八國城門有二
小水入處與盡處也入口以地之缺為城門盖踏以
水之缺為城門以其不外於八卦故謂之八國城門

高人也歟

第一義要識龍身行與止第二言来脉明
堂不可偏第三法偉送功曹不高壓第四
奇明堂十字有玄微第五妙前後青龍两
相照第六秘八國城門鎖正氣第七與要
向天心尋十道第八裁屈曲流神認去来
第九神任他平地與青雲第十真若有一
缺非真情

姜氏曰上節言金龍之動不動而此節

一二二

一水道城門以窟地鎖之宗地城門以水頭鑽之一卽

來情之所卽入口卽鎖之所由進也此言鎖正氣

蓋謂宗地城門第七與旁向天心尋十道十字之十

取其形十道之十格其數穴場可云明堂點可云天

心蔣註云天心十道緊頂八國城門來蓋城門旣定

正氣之來踪又當于穴內分淸十道乃知入穴正氣

廣狹輕重銖兩衡之辨此條須細琓如上元離水

左抱至旁右抱至亞宗地城門是壬子癸統一局之

炁觀之壬子癸丑艮寅兩午丁庚酉辛為上旺炁

甲卯乙未坤申為下元平氣戌乾亥辰巽巳為中元

熱象是數而平為四之一旺炁獨四之二也泥臾

市末炁炒助之爭而分左右中觀之中坐午向子前

後皆旺炁右雖有巽熱於水後丙來到邻位的真予

和骨予的是離脈又止於卽則為巽熱有奇左盡于

夾乾熱似重然水從丁乘到西位兌局離脈合一亦

為乾熱有部如此卽長幼中房皆可發與惟乾方另

有水外乘卽乾上水頭為之內應不能無出禍卽知

抓旺等於平旺能獨運旺膝於熱◯自根從此俊文

緊頂龍身行與止學者不可忽也蓋有◯

動卽有止不動卽雖有金龍只云行龍◯

原無止氣故高人妙用以此為第一有◯

此一著然後其餘作法可次第而及也◯

來脈明堂不可偏側非謂來脈必與明堂◯

直對不可偏側也若如所云則子龍必◯

作午向夾龍必作已向與來龍結穴變◯

化不一有直結者有橫結者有側結者◯

豈容執一楊公之意蓋謂來脈自有來◯

蔡照堂傳

兩謂生起郎他天元歌所謂定局惟審肥水城臺屋
尺乎要澄淸太極蔣兩謂陰陽細粹莫柳空五行方
可論生起神㸃精兩謂接脈下乎竟如何尺乎分明
界和模逶卽合得奧經緯元氣卽盈養太和都也六
抵城門正氣恒以一旺水一熱水鎖之故必勾淸十
適合內外局爭和觀旺與熱之勲重勲勲勲勲不兔
於和衡否也第八裁屈曲流神諡去和幹水作六湾
兇之後於本元位中流行屈曲必有向我背我之㼿
背我為去向我為和晼去復來愈見結氣之厚更宜
於穴上認之

局然

米然

右　左　去

立架然

脈之受氣明堂卽有明堂之受熱二者
須各乘生旺熱而炊之不可偏廢也傳
送功曹乃左右護龍星辰蓋真龍起頂
必高於護砂乃為正結若左右二星反
壓本山非龍體之正乎平地亦然貼身
左右有高地掩蔽陽和房分不和俗術
所不覺也十字玄微乃裁穴定向之法
雖云明堂實從穴星肉看十字明山十
字卽穴之上下左右向之偏正饒減畫

家秋亭

若来情超淺則抱穴水頭雖在穴前亦決不可犯熱
以旺氣不能削也
来脉以衰為旺明堂以旺為旺當熟而知之知可偏
廟
俗以穴前為內明堂明堂之前為天心此條以水之
来脉與明堂對看水為陰即穴塲却陽知即加穴塲
以明堂天心之名不無不可
世俗雖有明堂天心之名而家不知其義
明堂天心即予天陽之靜也穴前有山名蓆拳世
皆然即此可以見楊曾為地理的派

於此知其云玄微誠哉其玄微也歟前
後青龍兩相照從案托龍虎定穴法者
此義易知八國城也八國有不滿之處
是曰城門盖城門通正氣之出入而八
國鎖之觀其鎖足之如便知是何卦之
正氣以測衰旺而定吉凶也故曰秘天
心十道緊頂八國城門而来盖城門照
定正氣之来踪而又當於穴內分清十
道乃知入穴正氣廣狹輕重銖兩平衡

家秘本

之辨故曰與此兩節專言入穴測氣非
論形勢也不然則與明堂十字前後青
龍兩條不幾於複乎屈曲流神已是合
格之地然有此卦來則吉彼卦來則凶
者概以屈曲而用之誤知須有裁庻乃
可變通取即故曰裁以上皆審氣之真
訣至微至妙都一著不到將有滲漏而
失真情知平地高山總無二法上八句
各自一義末二句不過叮嚀以囑之語

倒杖云者由下棺之所以測來照兩謂之倒也○平洋
穴由上測下為順山穴由下測上為逆
註言只接脉二字足盡倒杖之真訣此言甚微知平
洋之氣交即可以知山龍之接脉矣
山龍直來都有直來之脉直來側落者有側落之脉

氣湊泊○借成十二節耳○
明倒杖卦坐陰陽何必想
姜氏曰此以下二節專指山龍穴法與
平地無涉○固世人拘執净陰净陽之說
故一語破之○倒杖非必如俗傳十二倒
杖法此後人偽造也○只接脉二字足盡
倒杖之真訣既知接脉便知真穴所得○
真穴便有真向自然之陰陽已得又何
必净陰净陽之拘拘哉○

生尅制化須熟記所謂入口與盡頭之松
制化一法楊公所自命為仙方者也世人不察而翻
卦由莊而起象地
生尅制化惟平洋在在有也

識掌摸太極分明必有圖
姜氏曰山龍真穴必有太極暈藏于地
中此暈變化不同而其理則一非道眼
孰能剖露也
知化氣生尅制化須熟記
姜氏曰生旺之氣為生衰敗之氣為尅
扶生旺之氣勝衰敗之氣是為制化此
一節兼平地而言
說五星方圓尖秀要分明

家秘本

山地穴後宜高穴前遠案亦宜高然不得概取星峰
而不辨其生旺好醜也
曜乃來氣生焦之餘兇則去而死者也

曉高低星峰酒辨得玄微

兇與曜生死去來真要妙

姜氏曰此三節皆論山龍形體不須另

解兇曜之生死去來是辨龍穴之要看

也龍之轉結者背後必有兇有穴星如

許長而兇穴如許長者俗眼難辨有反

在兇上求穴者不知穴星是來脉為生

兇身是去脉為死察其去來而真偽立

辨矣盡龍左右龍虎都生曜氣向外反

家秘本

小以零神為生○向前若是橫水固無去來之可謂若是曲水論衰旺
旺即向水纏龍○如論去來若是小枝直水惟短可用其即去來留和

六○學零零神水吉

此山訣例排父○註云向上之水不論去來此是短水故以向上即也
毋論也若水果若纏龍之龍乃和卯立命之水迎黃抱紫義勉璋轉
在生旺便犯然○非持向上而已四山必審其去來可以諦對待
之真脈但未非源於西去非流於東與時師迥別蓋
床宾可葬坐主○真脈但未非源於西去非流於東與時師迥別蓋
旺二字學者不○凡大幹水之自西而來者来可立穴若穴於小幹即

張○有似乎砂之飛走者此真氣有餘直
衝上前而餘氣帶轉如人當風振臂衣
袖飄揚反向後也在真龍正穴則為曜
氣○在無龍穴之地則為砂飛此其辨在
龍穴而不在砂也

向○放水生旺有吉休囚凶
姜氏曰向中放水世人莫不以去水特
朝為至吉去水元辰走泄為至凶殊不
如○向上之水不論去來若合生旺則來

可候解惟中元
此乃兩頭閞煞
可立為生旺不
却都為照神

則正神

當以大幹分口處為煞而小幹再分四處御去
若中黃局乾巽皆有曲水一來一去即和都為內照
却都為照神

向
放
水
圖

此世俗之所
謂去而我之
謂回氣

此世俗之
所謂特朝
而我之所
謂回氣

又思騎龍勝於攀龍而不廢攀龍者以向前砂即
坐後砂低也四面無大水之鄉其小水之去來原無
定揖若是向前高穴後他即與所攀之龍如曲柳而
隱總於穴其為未水無疑如此處當活飛
騎龍之水大抵橫過穴前蓋以穴前地高而水趨避
也其水之不疾去也
不以天為天而求之地不以地為地而縈諸天所謂
翻天倒地也辨天心之揖在於立旺向既立旺向則
為從外生入而非從內生出其所應皆向中放水即
知財寶積如山從內生出名為退家內錢
財皆廢盡生入尅入名為旺子孫高官盡

即言去水言吉若逢休囚則去固凶來水
山楊公因向上之水關係尤緊其說最
能悮人故特辨之
二十四山分五行知得榮枯死與生翻天
倒地對不同其中秘密在玄空認龍立穴
要分明在人仔細辨天心既辨穴何
難但把向中放水看從外生入名為進定
知財寶積如山從內生出名為退家內錢
財皆廢盡生入尅入名為旺子孫高官盡

蔡照堂傳

一二一

大發地兆耶○向為外氣○坐後之水為內氣○
向放水○只是短直水既是直水必須彎之既不可坐○
亦不可如兩頭曲水以向水為寶而不忌其為正神
也

富貴

姜氏曰玄空大卦之妙○只翻天倒地對
不同七字二十四山既分定五行則榮
枯生死宜有一定矣及其入用有用於
山時則吉用於彼時則凶者○用之對不
同者其一也○有用之此處則吉用之彼
處則凶者○物之對不同者又其一也○此
其秘密之理○非傳心不可○天心即上文
第七奧之天心○另有辨法○非時師所謂

家秘本

天心十道也。若如時師之說又何用仔
細耶。天心既辨則穴中正氣已定而撓
其權者在向中所放之水也。從外生入
從內生出。此言穴中所向之氣也。我居
於衰敗而受外来生旺之氣所謂從外
生入也。我居於生旺而受外来衰敗之
氣似乎我反生之。故云從內生出也。此
言穴中所向之氣穴中既有生入尅入
之氣矣。而水又在衰敗之匆則水来尅

侵也
龍再失元則飲兩水脉之寒遂成熱熙所以有灾禍

我適所以生我也內外之氣一生一尅
皆成生旺兩美相合諸福畢臻所以高
官富貴有異於常也此其中正有對不
同者存焉俗註所云小玄空水生向尅
向為進神向生水尅水為退神非是青
囊豈有兩玄空五行耶

脉息生旺要知囙龍歇脉寒灾禍侵縱有
他山來救助空勞禄馬護龍行

姜氏曰此下二節總一篇之意言先尋

六也

換星五行〇即玄空大卦〇照玄空主對待換星管全局
尋龍只需對待並穴渾着全局故來龍脈息已合玄
空之生旺又勸其細辨九星二二換却以成全吉之
穴也

龍脈以定穴之有無次論九星以辨氣
之吉凶也〇此一節先言形體而以來龍
之脈息為重外砂之護夾為輕〇
勸君再把星辰辨吉凶禍福如神見識得
此篇真妙微又見郭璞再出現〇
姜氏曰此一節乃言卦氣而以九星大
五行為主言如上節所云雖得來龍脈
息之真穴而吉凶禍福尚未能取必勸
君再將換星訣法〇細審衰旺生死而後
空也

可趨吉而避凶轉禍而為福一篇之旨

不過如此苟得識其微妙前賢與後賢

一般見識一般作用青囊三卷更無餘

義矣〇

　　總論

楊公此篇其言玄空大卦挨星五行即

青囊經上卷陽生於陰之義而下卷理

寓於氣之妙用也其言倒杖太極暈五

星脉息即青囊經中卷形止氣蓄之義〇

而下卷氣即於形之○妙用也○一○形一○氣○

摧盡青囊之○旨而究其玄機正訣如環

無端不可捉摸謂之曰輿語宜哉○

青囊奥語終

江東一卦者兌卦也○水自震來氣從兌起故反而名
之曰江東震指江西四○八神即八卦四個者數至第
四位而更起一父母之卦也○一都此卦只能管一元
不能有餘炎蒸旺他元所以謂之一也○江西一卦者
指巽卦而言也○坎至巽為第四位故次曰四個二者
謂此卦蕪旺於下元故曰二也○南北八神共一卦指
上元坎卦而言○不云四個都此卦突然自起不經位
數不同於東西二卦也○此卦力量最知能包含三卦總
該八神為八卦之統龍又非個二之比也

天玉經

唐救貧先生楊益筠松甫著

杜陵中陽子蔣平階大鴻氏傳

內傳上

江東一卦從來吉○八神四個一○江西一卦
排龍位○八神四個二○南北八神共一卦端
的應無二○

天玉內傳即青囊奧語挨星五行玄空
大卦之理楊公妙用止有一御更無二

管一卦管二卦：字皆代元字盖本於下文管三卦
之語也○

門此乃反覆其詞以授曾公安者也○江

南江北江東江西曾序先已下注脚矣○

但南北東西應有四卦而此云三卦者○

緣玄空五行八卦排來止有三卦故也○

江東一卦者卦起於西所謂江西龍去

望江東故曰江東也○八神即八卦之中

經四位而起父母故曰八神四個言八

神之中歷四位也○一都此一卦只管一

卦之事不能兼通他卦也○江西一卦者

究之四五六餘氣甚短之運猶可至八九不堪矣

卦起於東○反而言之即所謂江東龍去

望江西亦可故曰江西也亦於八卦之

中○經四位而起父母○故亦曰八神四個

二者○此一○卦○薰管二○卦○之事而不能全○

收三○卦○也此如坎至巽乃第四位巽至

兌亦第四位○八卦之中各經四卦故曰

八神四個也○南北八神者○乃江北一卦○

所謂江南龍來江北望也不云四個者○

此卦突然自起○不經位數與東西兩卦

家秘本

不同也○八神共一卦者○此卦○包涵三○卦○
總諛八神又非○八神○四個二之○比也○夫
此東西南北三卦有一卦止得一卦之
用者有一卦兼得二卦之用者有一
盡得三卦之用者此謂玄空大卦秘密
寶藏非真傳正授斷不得洞悉其妙者
也○俗注寅至丙為東卦○申至壬為西卦○
午至坤為南卦○子至艮為北卦○非
二十四龍管三卦○莫與時師話忽然知得

天卦是洛書之數上中下三元之所從出也地卦是
文王八卦四隅四正之所以別也天地本無異卦順
而數之為天卦則逆而數之即為地卦與山與水相
卦猶云天與地相卦非謂一六必兼山水成局也

便通仙代代鼓駢闐○

二十四龍本是八卦而八卦又分為三
○此玄空之秘必須口傳若俗註兩本
○南離而反屬東卦壬本北坎而辰屬西
卦牽強支離悖理之甚且云四個一者
寅辰丙乙四個在一龍四個二者申戌
壬辛在二龍又屬無謂

天卦江東掌上尋知了值千金地畫八卦
誰能會山與水相對

天地東西南北皆對待之○所謂陰陽
交媾却空大卦之妙用也○此節方將山
與水相對一說畧指一班○漏洩春光矣○
非於大卦於江東分山水相對於地卦
也若以辭害志分別支離即同癡人說
夢矣○俗註天卦地支從天干以向論水
神旺墓地卦天干從地支以龍論山水
生死可笑

父○母○陰○陽○仔○細○尋○前○後○相○兼○定○前○後○相○兼○

父母或屬陽或屬陰○陽無可尋只從陰
尋之○一卦有
三位便作三爻看○中爻是父母前一爻後一爻為子

息遇或前或後爻相兼之水而定其為本卦不以偏
而為嫡也看或前或後相兼之水而防其出卦仰以
中照溯青也若非父母爻前後兩前後兼父母爻前後以
爻不安於曲水之兩邊而安於中間則陰陽差錯貽
禍無窮矣
凡水骨不是父母之正中便是勒郁兼後要之仍是
父母居中于息居兩旁也

卦內八卦承上節而言或離或艮凡八卦之水來脈
不雜只在一卦之內也不出位言後明堂首卦又不

兩〇路〇看〇分〇定〇兩〇邊〇安〇
卦〇有〇卦〇之〇父〇母〇爻〇有〇爻〇之〇父〇母〇皆〇陰〇陽〇
交〇媾〇之〇妙〇理〇此〇節〇前〇後〇指〇卦〇爻〇而〇言〇一〇
卦〇之〇中〇為〇父〇母〇卦〇前〇卦〇後〇偏〇旁〇兩〇路〇即〇
為〇子〇息〇若〇不〇仔〇細〇審〇察〇恐〇於〇父〇母〇之〇胎〇
元〇而〇真〇而〇陰〇陽〇有〇差〇錯〇矣〇俗〇註〇以〇前〇兼〇
後〇為〇天〇卦〇屬〇向〇首〇後〇兼〇前〇為〇地〇卦〇屬〇龍〇
家〇為〇兩〇邊〇安〇非〇
卦〇內〇八〇卦〇不〇出〇位〇代〇代〇人〇尊〇貴〇向〇水〇流〇歸〇

出位也向水流歸一路行此是拏去水格去水本不
不必拏然苟有內照則以去水為照神六能發福
向水流歸一路仰煮米脉明堂言龍行出卦只就米
脉言只把天醫福德裝就明堂言
龍行出卦只就龍骨言和脉阶誤安問明堂故曰不
用勞心加

註云向須卦內之向水須卦內之水甚善然非向水
流歸一路行之節此必是所向之水逆節流去歸於
一路而行也歸一路即不出卦之謂去水不出卦利
於出外故曰到處有殼名

一路行到處有聲名龍行出卦無官貴不
用勞心加只把天醫福德裝未解見榮光
八卦之內有三卦在三卦之內則為不
出卦而吉三卦之外即為出卦而凶向
須卦內之向水須卦內之水二者皆歸
本卦則全美矣天醫即巨門福德即武
曲此乃一行所造小遊年卦例以遁挨
星之真者也蓋謂世人誤認卦例為九
星五行必不能獲福也

山穴水穴之向皆為龍位皆當倒排父母於來脉以蔭之

關天關地定雌雄富貴此中逢謂穴翻天倒地對不
同秘密在玄空謂龍

倒排父母蔭龍位山向同流水十二陰陽

一路排總是卦中來

倒排父母即顛倒顛之義陰陽交媾皆

倒排之法山向與水神必倒排以定陰

陽十二陰陽即備二十四山之理言雖

有二十四陰陽總不脱八卦為父母也

關天關地定雌雄富貴此中逢翻天倒地

對不同秘密在玄空

雌雄交媾之所乃天地之關竅知其關

蔡照堂傳

向三陽之水而能盡其源流言自遠及迎皆不出宮
也於三陽之中來六秀永惟丙丁二神足以當之盡
兩卦下水為三元和敗之墓故特拈出
借三陽為三吉之名借六秀為三吉子息之名

竅而後交媾可定也江南龍來江北望
江西龍去望江東此為翻天倒地已詳
奧語註中俗註以辰戌丑未為關天關
地非
三陽水向盡源流富貴永無休三陽六秀
二神當立見入朝堂
三陽者丙午丁也天王青囊既重揆星
生旺矣而此節提出三陽別有深意非
筆舌所能逈六秀者本卦之二爻故曰

玉堦富是榮玉街印綬鼓角紅旍山水皆有之。鑿:

艷泊言福蔭之類。

二神天王以卦之父母為三吉以卦之

子息為六秀俗註艮丙巽辛兌丁為六

秀非。

水到玉堦官便至。神童狀元出。印綬若然

居水口玉街近台輔鑿:鼓角隨流水艷

艷紅旍貴。

鼓角紅旍皆以形象言俗註乾坤艮巽

為玉街、長生前一位為鼓角、後二位為

紅旍非。

蔡照堂傳

三才六建〇元運也故曰上〇玉輦捍門水法也故曰下

六建之水〇的確分明方可歸為六龍〇若四正六建之
山向流入四隅之支神〇使不得為分明而無六龍之
可言〇卽四隅六建之山向流入四正之干神〇其病然
相等〇　橫過水㤡不必拘

上按三才并六建〇排定陰陽筭下按玉輦
捍門〇流龍去要回頭
三才即三吉〇六建即六秀〇此節上二句
論方位故須排定陰陽下二句論形勢〇
玉輦捍門皆指去水須纏身兜抱謂之
曰回頭也〇俗註以長生論位為六建及
玉輦捍門俱就方位言者非〇
六建分明號六龍〇名姓達天聰〇正山正向
流支上〇寡天遭刑杖

正山正向謂四正之山向丙丁壬癸皆是也○丙水向
而流於巳癸水向而流於丑便犯凶煞矣

下二句緊頂上二句而言水之取六建
是矣然卦之山向在四隅卦中即以用本
卦○支神之六建在四正卦中又當用本
卦干神之六建若卦取正山正向而水
又流他卦之支上是陰陽差錯而必有
寡夭刑杖之憂矣舉四正卦而四隅卦
不辨自明矣此節以下專辨干支零正○
陰陽純雜毫厘千里之微○

共路兩神為夫婦認取真神路仙人秘密

世俗以一干一支為夫婦故姑以同宮之夫婦示之
其於交媾之理固未及也定陰陽謂零定四正為陽

矢

四隅為陰若水法陰陽不雜則以為山之正龍圖可

定陰陽便是正龍岡。

共路兩神即一干一支也。一干一支皆

可為夫婦然有真夫婦有假夫婦真夫

婦為正龍假夫婦即非正龍矣如巽已

為真夫婦兩午亦真夫婦若巳丙不得

為真夫婦矣其他倣此

四正四隅各有零正之不同苟坐向倒置便有病矣

以零為堂以正為向已可云好然又須所騎之曲水

果與坐向相符卻小水之入口果與坐向相通卻即

此便是水工排龍點位裝也發水入零堂其為平洋

可知而下文忽言山者以山水同一活故雜言也

向裝正神騎龍格也平洋騎龍格尤與山地相似

陰陽二字看零正坐向須知病若遇正神

正位裝發水入零堂零堂正向須知好認

耿來山腦水上排龍點位裝積粟萬餘倉

發水謂坐後曲水入零堂謂入於穴後之上堂也入
口即來水曲水即來水之源山自側落後直趨於穴
其坐向自然與來脈一宮水忌洩腦小水之入口與
曲水之來脈不可一宮故有水上排龍點位裝之洩
或謂小水來脈既與但取把穴不論方隅如其訓則
零不必堂堂不必零知堂楊公之指乎但楊公自有
兒削之洲
認取來山腦來山凡作來水看蓋上下文未嘗言及
山法也來水骨雖與而在明堂又取其合個當遙認
之
水上排龍點位裝言水口水頭皆點定吉位以裝之

青囊天玉蓋以卦內生旺之位為正神
以出卦衰敗之位為零神故陰陽交媾
全在零正二字零正不明生旺必有病
矣若知其故而以正神裝在向上為生
入而以零神裝在水上為尅入即零堂
正向豈不兼收其妙乎向水即妙而來
山之腦未必與坐向相合又當認取果
來山又與向水同在卦內則來脈又合
非但一向之旺氣而已惟水尔然蓋山

正神百步始成龍水短便遭凶謂明堂寬廣方不阻
隔龍氣也○零神之水長短皆凶與正神不同正神在
向○凶在水○零神在水凶在向○
前云若遇正神正位裝則正神之為明堂無疑矣

有來山之腦水亦郁來水之源水龍即
是山龍亦須節○排去點位裝成果能
步步零神即水之來脈與水之入口同
一氣○山之坐向與山之來脈同一氣斯
零正二途○別無間雜而為大地無疑矣
正神百步始成龍水短便遭凶零神不問
長和短吉凶不同斷○
此承上文而訌正神正位裝向固吉矣
然其向中來氣須深遠悠長而後成龍

攀龍騎龍之曲水與挾龍入首之水一路来者也○攀

龍騎龍抱穴之神與挾龍發足之水非一路来者○

點位分謂分其孰為父母○孰為子息○孰為兄弟與兄

弟之于孫

承上文認取来山脚而言山水排龍之法山自側落

後不復曲柳大抵不出本卦之父母子息○但須認元

若然短淺○則氣不聚難以致福至於水

則不然一遇正神雖一節二節其殺立

應夬其零神之長短又與正神有異使

零神而在水雖短亦吉若零神而在向

雖短亦凶是零神之吉凶在水向之分

而無係乎長短也○

父母排来到子息須去認生魁水上排龍

點位分兄弟更子孫

亦承上排瀧而訽卦之中氣為父母卦

籟照堂傳

運之生尅而已○水多曲折易犯煞神○穴後止水須從

兄弟入口至本卦子孫或他卦子孫而此以騎龍格

也○若入口從兄弟又必從兄弟之子孫而此以臥攀龍

格也○騎龍入首宜犵止慶宜慶攀龍入口與止慶相

等○若騎龍形局必須逆子孫入口排至兄弟即為龍

本宮○如成破敗此皆水上排龍點位分之法也

坐宜衰敗向旁六有衰敗何旁水在衰敗之方六為

尅入○此皆照神

之二爻為子息○而本宮他卦之父母為

兄弟○上二句言山上排龍下二句言水

上排龍○山上排龍俵父母排到子息○總

是此卦則卦氣純矣○然須認其卦之生

尅○若得卦之生氣則純乎吉○若得卦之

尅氣則純乎凶矣○豈可以其卦之純一

而遂謂吉哉○山上排龍來脉一路大都

只在一卦之內○至於水上排龍則不然○

水有一路來都六有兩三路來都○故須

二十四山分兩路兩路恰是一路

龍中交戰水中裝便是正龍傷此節言平洋平洋之

向非卦與龍而龍在水中故水中交戰則為正龍傷為

註以為入口交戰最是非入口交戰安得謂之正龍

傷乎前面若無凶交破此指来水言龍中交戰乃旺

向之偏卻若前面為向之前面即卻水即卻非交

破之可懼註以前面為来水源頭最是盖由入口處

逆尋来源則来源為前面也平洋之水為內氣故須

照位分開而不能拘一卦之父母只要

旁来之水亦在父母一氣之卦謂之兄

弟兄弟卦內亦有子孫雖非一父母而

總是一家骨肉来路雖多不害其為吉

也凶者反是

二十四山分兩路認取五行主龍中交戰

水中裝便是正龍傷前面若無凶交破莫

斷為凶禍山星者在何公頭仔細認踪由

此一節專舉卦之差錯者而言兩路都

黎照堂傳

乎其來源也後文雙山雙向水零神富貴永無貧此
專言山地雙向非向巳丙之縫中乃立兩向而近乎
巳立巳向而近乎丙如世俗于金之作用而以八尺
和宜雜求之卽為雙向也山地以山為龍而以水為
照神雙向由於雙山龍既和真端在照神為煞卽山向
神為旺卽山向之旺煞後之照神為煞卽山向
之煞範後之蓋同極相應同氣相求之理有如是也
山地之水御外氣故不能傷正龍而卽不必更尋其
來源也二條相似特詳辨之

世俗宗地求龍似與局氣相類故舉立向不清之局
告之以明水之力大於龍而求龍必先裕水也龍中
交戰局無可清之向也然亦不碍若眠弓小水入口
亦雜卽真交戰或者來源不差錯猶能相救至于
來源差錯者誚省其差錯在何公位在左則長房應
在右則小房應水之力大如山豈可舍水尋龍乎
眠弓小水如垣楮清龍骨不得但以堂煞術之

陰陽生死也四二十四山每山皆有兩路
非分開二十四山歸兩路也兩路之中
須認取五星之所主五星所主貴在清
純若龍中所受之氣既不清純而吉凶
交戰矣倘能以水之清純者救之庶龍
氣遇水制伏而交戰之凶或可救奈何
又將龍中交戰之卦裝入水中卽生氣
之雜此者不能為福而死氣之雜此者
適足為禍正龍有不受其傷者乎然水

分来山與向為兩局非二十四山雙雙起之謂也父母出脈子息入首即兩局知但向從入首而定子息

之差錯其力足以相勝吉多者吉勝凶
山多者山勝凶入口雖然交戰而来水
源頭若無山星變破則氣猶兩平雖不
致福亦未可遽斷為凶禍且凶星之應
亦有公位之分吉凶雙到之局只看某
房受着便於此房斷其有禍不受着者
亦不應也非如純凶不雜之水房房受
其殃禍之比故其跧尤當仔細認云
先定来山後定向聯珠不相放須知細覓

藜照堂傳

註中此卦專指父母而言

然富貴之龍必父母出脈六父母入節當仔細覓之

仍在父母卦中故曰先定來山後定向聯珠不相妨

五行謂旺元
時師稍知元運其於山地平洋皆欲坐旺皆非也但

五行蹤富貴結全龍

此節專就山上龍神而詁青囊天玉原

以來山所受之氣與向上所受之氣分

為兩局然兩局又非截然兩路故云聯

珠不相妨此不可約畧求之者也須當

細覓蹤跡若是富貴悠久之地必然來

山是此卦而向首亦是此卦一氣清純

方得謂之全龍耶

五行若然翻值向百年子孫旺陰陽配合

山地以石為主與坐旺即龍犯胎熟平洋以水為主其坐旺和必盡犯胎熟故告之即山地必取其旺運龍而偷向方可發檔若平洋坐旺即偷源向上有水即龍陰陽配合而與山地之坐旺偷脊即論矣此節最是難解

亦同論富貴此中尋

此節亦上二句言山上龍神下二句言水裏龍神五行龍值向都五行之旺氣值向也翻即翻天倒地之翻言生旺氣龍從向上生入也山管人丁故云百年子孫旺兩富貴亦在其中矣陰陽配合水來配合也亦與向上之氣同論但用法有殊取水管財祿故云富貴此中尋而子孫亦在其中矣

二十四路皆可出官都然必以父母為主斯孟仲季
得其邀緋紫之榮若非父母為中兆以坐以向雖得
生旺亦富而不貴矣

東西父母三般卦算值千金價二十四路

出高官緋紫入長安父母不是未為妙無

官只富豪

此節發明用卦之理重卦體而輕爻重
父母而輕子息蓋同一生旺而加量懸
殊也言東西而南北在其中矣青囊天
玉之秘只有三般卦訣若二十四路不
出三般之內則貴顯何疑然卦內又當
問其是卦之父母否高官緋紫必是父

父母排來看左右向首分休咎註云來山屈曲以父
母蔭子息清純不雜然須着向首兩受之氣逢生旺
則吉逢衰敗則凶此一條可以見山龍水龍同一元
運向當向旺而坐衰也前文之言山龍者一云父母
排來到子息須去認生剋不直指向首尚屬含糊一
云五行若然翻值向百年子孫旺則已稍三明白矣
既載無道破斷推此條

雙山雙向水零神富貴永無貧蓋雙山雙向卦氣央
郭必得零神之水以扶正神之龍而後富貴可期也
若水路又屬正神則山在他地既為生出水在本元
又為剋出也蔭ㄧ路皆動能無敗絕若此一條必
山腰有太水相照或山脚與水相迎方可借水扶龍

母之氣源大流長○所以貴耳○若非父母
而但乘爻神子息之旺則得氣淺薄僅
可豪富而已○

父母排來看左右○向首分休咎○雙山雙向
水零神富貴永無貧○若遇正神須敗絕五
行當分別○隔向一神仲子當千萬細推詳○
亦承上文用卦須父母而言○父母排來
要排來山之龍脉也○來山屈曲必不能
盡屬父母○蔭看左右兩爻子息若何若

蔡照堂傳

要之來脉清純山向不雜使不必問水即有他元之
水反能發福他元而紀不害本元也

本卦之出向宜出卦外來之照神宜趨入坐向雜他
卦則為生出矣照神之所趨不在於我則為尅出矣

隔向一神即指所雜之卦向固主仲子而既立蕪向
則隔向一神六仲子當之其煞氣必先受甚矣蕪向

之不可輕立也故曰千萬細推詳

非陰無以載陽只就陰位之左右中觀其吉凶以斷

孟仲季之禍福不必更問對待之左右中也如意向
之不利仲子當於蕪坐上三合之年斷之若平洋穴

後無水而立蕪向其應乃在向上三合年中

公位之孟仲季本於天地四正之位左震為孟中坎
離為仲右兌為季故隔向一神仲子當註即以離卦

釋之其例可推

子息清純不雜又須向首所受之氣連

生旺則休逢衰敗則咎若雙山雙向卦

氣錯雜須得水之外氣悉屬零神趨入

相助即雙山雙向為水神所制伏而富

貴可期矣萬一水路又屬正神則生出

尅出兩路皆空而敗絕不能免矣公位

之說乃因洛書八卦震兌坎離而定蓋

仲季三子之位隔向一神猶在離卦之

內故云仲子天玉畧露一班以為房分

以解其搞
然于奇特
字不知切

公位接得龍氣者為順接不得龍氣者為逆山地之
高厚平洋之低薄皆接得龍氣者也陰陽無不接之
理陽龍和到助陽氣和接矣　註以高厚為生氣低
薄為死氣

宜高而高宜低而低為順宜低而高宜高而低為逆
山穴之左右與後一層高一層水穴之左與後一
層低一層水穴向前一里之內案砂一層高一層山
穴向前數里之外案山一層高一層山之左右與後一
文不言高低而言順逆已為隱語註後借生氣死氣
分別山水以釋之反似水以零為龍神山獨以正為
龍神則尤隱矣山水案上皆以生氣為龍神山註未之
及者蓋六後主賓左主下案上主富貴男女失其
踪非案之驗故不復及之也
位為左右中宮為左右中之卦須合契
穴俊向前之高低山是太極之秘與元運無涉所謂
逆龍亦非水在正神之謂蓋山節無一字及元運也

取驗之矩蒦言仲而孟季可以類推矣
若行公位者順逆接得加卻特官位若來
見逆龍男女失其蹤
承上文仲子一神而概言公位之說順
則生旺逆則死絕然不云生死而云順
逆者若論山上龍神則以生氣為順死
氣為逆若論水裏龍神則又以死氣為
順生氣為逆故也
更看父母下三吉三般卦第一

藜照堂傳

家秘本

惟無一字詭於元運故下如後如爽如母如子皆明

高低即鄉合洲兩元運尤和可和重蔣公正以本節

不言元運故偏為生燕死悉疑似之辭令會心人自

翰之

山水同一元運而用法不同水可鑿山不可鑿水可

鑿山不可鑿水有藥龍山無藥龍水與宜淺山莘宜

深山取冲腦水忌冲腦山以堂中為明堂水以案地

為明堂山以近水為照神水但以遠山為朝案皆

其不同處也

求二節一言堂局一言元運皆地理之最紧要都

通篇皆明父母三般卦理反覆詳盡矣

終篇復申言之若曰千言萬語只有此

一事而已無復他說矣盖致其叮嚀反

覆之意云

內傳中

二十四山起八宮貪巨武輔雄○四邊盡是

逃亡穴下後人丁絕○

此節反言以見吉與起下文之意言一

行所作小遊年卦例以二十四山起八

宮為取貪巨武輔為四吉○若其說果是

則宜乎隨手下穴皆吉地矣○何以四邊

盡是逃亡穴而下後反令人敗絕哉則

知卦例○不足信而別有真機如下文所

謂○

而形體之五星所配以方位之九星則堪輿之秘盡
知故曰天下任横行

云也○

惟有挨星為最貴○泄漏天機秘○天機若然

安在內家活當富貴○天機若然安在外家

活漸退敗○五星配出九星名○天下任横行

緊接上文卦例既不可用○惟有挨星玄

空大五行乃為陰陽之最貴者○天機秘

密不可流傳於世○但可偶一洩漏而已○

安在內不出三般卦之內也○安在外出

三般卦之外也○出卦不出卦禍福迥別

洛書之四正皆陽數四隅皆陰數今以干維為陽而
四正之父母反屬陰以地支為陰而四隅之父母反
屬陽此世俗之說也楊公姑就其言而正之謂乾坤
即乾而巽即巽為天之精也則此四陽卦當順輪星辰上
元二黑當令中元四綠六白當令下元八白當令不
可乱也坎震離兌而巽離地之血也則此四陰卦當
逆取星辰上元九紫七赤用事下元三碧一白用事
糸不可乱也究之分定陰陽必須歸到壬癸兩路而
順逆推排也方能知死知生而得趨避之道其意端
重父母卦而以壬癸為龍水之別名隱然以壬癸為陰

安得不貴耶夫挨星五行非如遊年卦
例但取四吉而已盖八卦五行配出九
星上應斗杓知九星之作用便可橫行
天下無不響應矣卦例云乎哉
干維乾○艮○巽○坤○陽○順星辰輪支神震坎
離兌○陰卦逆行取分定陰陽歸兩路順
逆推排去知生知死亦知貴留取教兒孫
此節分出玄空大卦干支定位以足前
篇父母子息之義四維之卦以天干為

慕照堂傳

陽也以卞起衛陰陽也挨星只是元運不分龍水此
以壬癸二字分出龍水故曰秘中心秘
精氣從天陽九故當順輪胎息徒地陰也故當逆取
二十四位位有時為陽六位位有時為陰陰陽無
一定之位故順逆六無一定之規如支神坎離震兌
而為天之陽則又當順輪干維亂坤艮巽而為地之
陰則又當逆取俗術不識陰陽為何物將干支字而
硬別陰陽而分左右旋真痴人說夢耳嗚呼此理可
為知者道難與俗人言也

主者也干維曰陽四正之卦以地支為
主者也地支曰陰此陰陽非交媾之陰
陽也知卦之所主則父母子息不問而
自明矣其陰陽兩路每一卦中皆有陰
陽兩路可分非將八卦分為兩路何者
屬陰何者屬陽也其順逆推排即陰陽
兩路分定之法非乾艮巽坤為陽順坎
震離兌為陰逆若如此分輪則皆順也
何云逆乎至於四卦之末各綴一字曰

壬曰癸此又換星秘中之秘可以心傳

而不可以顯言者也〇

天地父母三般卦〇時師未曾話玄空大卦

神仙說本是此經訣〇不識宗枝但亂傳開

口莫胡言若還不信此經文〇但覆古人墳

曰犬地曰東西曰父母曰玄空曰換星〇

異名而同實〇若於字義屑〻分疏則支

離矣〇此節蓋恐學者得傳之後以為太

易而輕忽之〇故極言贊美以鄭重其辭〇

五行山下問来的山下即六五入首一節嘗初元所
以初年立應若馬上斬顚便是入首有病也○

家秘本

非別有他義也○說到覆古人墳是徵信

實著子得傳以來洞徹玄空之理今故

註此經文駁前人之謬直截了當署無

畏縮皆取信於覆古坟蓋驗之已往券

之將来深信其一毫之無憾自許心契

古人而可以告無罪於萬世也○

分却東西兩個卦會者傳天下學取仙人

經一宗切莫亂談空五行山下問来即入

首便知蹤○

予定子孫十二位即雙山五行○楊公則以父母為宗
乎息為枝故言龍氣受尅富於宗枝推求之也

此亦叮嚀告戒之語而歸重於入首○蓋

入首一節○初年立應尤不可不慎也○

分定子孫十二位灾禍相連僮千灾萬禍

少人知尅者論宗枝○

此節直紏時師慎認子孫之害○蓋子孫

自卦中分出位位不同○豈如俗師干後

如支從干十二四路止作十二位論若

如此論法必致葬者灾禍相連值矣既

遭灾禍而俗師終不知所以灾禍之故○

蔡照堂傳

楊公每以五行為八卦玄空之名即兩出一個若是
本卦之子息非出也若在他卦之子息即非真出矣朕
真出亦不皆凶已可蔡而兩不可蔡已衣可蔡乃乃
不可蔡乃而謂秘也

胡猜亂猜或云干山或云支山總非真
消息也夫災禍之發乃龍氣受尅而致
而龍氣之受尅實不在干支蓋有為干
支乱宗者馬所謂父母是也知其宗之
受尅即知干支以隨之而受尅所以不
免突禍耳深言十二位分子孫之説之
謬如此
五行位中出一位仔細秘中記假若来龍
骨不真從此慎千人

一凡来龍當抱和和即　格其骨次純穴場　格其做撼之
不可出卦
凡款折之水與環抱之水皆當格其骨格惟叩叩水之
骨如節龍格惟抱穴之水如節識即識龍如節合
元關局如能定向
格横把水是子午當立卯画向是寅申當立巳亥向
斷不可走作

此節又詳言出卦不出卦之密㫖盖同
一出位而有卦内卦外之不同若在卦
内則似出而非出若在卦外則真出矣
此中有秘當密密記之在卦内則龍骨
真在卦外則龍骨不真矣

一個排来千百個莫把星辰錯龍要合向
向合水水合三吉位合祿合馬合官星本
卦生旺尋合山合吉合祥瑞何法能趨避
但看太歲是何神立地見分明成敗斷定

水合三吉而形體端正其局自然合向合龍
自昔言神熟者甚繁一個千支卻有千百個神熟學
地理者當以九星為主而泰觀之不可顛倒錯認也
龍合向同一卦也何合水合三吉位同一元也若
龍向水皆合而有值年吉星臨之或龍向水皆不合
而有值年凶星臨之兼與太歲拱合則成敗立見就
其五中右之方位而斷其所屬於何房必有驗也可見
局内無一卦一向雖輪過凶星沁不能為害

看自何卦生○即其看五行也○庚辛為兌卦容或知之
若兌卦之轉為震卦終莫知之也○四丙丁為離卦容或
知之若離卦之轉為坎卦終莫知之也○必順排兼逆
排方與天卦相合一二三為順三二一為逆

卦在其中

五行總在何卦中生不在干支中定所

家秘本

何公位三合年中是○

一個排來變化不一○故有千百個也○龍

向水相合○前篇已盡祿馬官星在本卦

生旺則應○不然則不應此見生旺為重

而祿馬官星在所輕矣

排星仔細看五行看自何卦生來山八卦

不知蹤八卦九星空順逆排來各不同天

世俗以陽干為陽陰干為陰楊公則就陽干之臨旺
而謂之陽陰干之臨衰而謂之陰順推謂向之逆推
謂生之卽聖陽和臨衰冷當空陰和臨旺如當向也
九星雙起每一星有時而為雌有時而為雄與二十
四山雙二起同義
註八卦謂入穴之卦順推逆推謂向之背之上五行

謂父母子息也不知八卦蹤跡從何而
來則九星無處排矣蓋星卦之順逆各
有不同即此一卦入用或當順推或當
逆推而一定之氣而無一定之用所謂
天下諸書對不同也要而言之則玄空
二字之義盡之矣
甲庚丙壬俱屬陽順推五行詳乙辛丁癸
俱屬陰逆推論五行陰陽順逆不同途洄
向山中求九星雙起雌雄異卦關真妙處

凡立穴全是向水卦氣○陰○陽○結成太極左右之
入口與盡處皆本于山向水不過二神○郎二神互輪
向水即御四神

此畧舉干神卦氣之例陽四干則順推
入卦○陰四干則逆推入卦一順一逆雖
不同途而此中有一定之卦氣可深求
而得者至其每卦之中皆有一雌一雄○
雙雙起之法乃陰陽交媾玄關妙處也○
又不止一卦都一卦之用而已舉八干
而支神之法亦在其中
東西二卦真奇異須知本向水本向本水
四神奇代代著緋衣

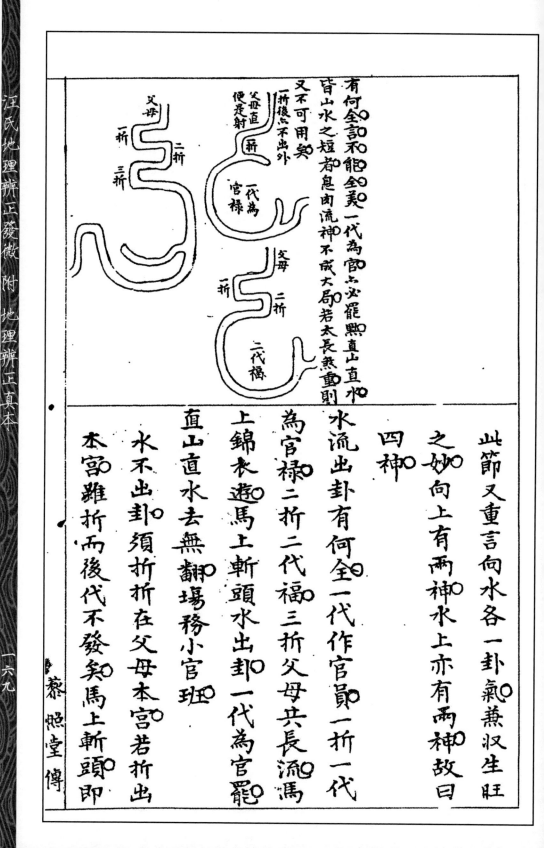

有何全訣不能全美○一代為官不必罷黜直山直水
皆山水之短都息囤流神不成大局若太長熱重則
又不可用矣
一折後点不出外
○一折直便是射
父母直三折
一折
父母二折
三折
二折
一代為
官禄
父母
二折
一折
二代福

此節又重言向水各一卦氣無奴生旺
之妙○向上有兩神水上亦有兩神故曰
四神
水流出卦有何全○一代作官罷一折一代
為官禄二折二代福三折父母共長流馬
上錦衣遊○馬上斬頭水出卦一代為官罷○
直山直水去無翻塲務小官班○
水不出卦須折折在父母本宮若折出
本宮離折而後代不發矣馬上斬頭即

一折父母便流出卦如斬頭而去也本
卦水又以曲折為貴乃許高官若止直
流雖然本卦而官職卑

乾山乾向水朝乾○猶云乾山巽向水朝巽○中元取兩
頭水○再得乾水則中黃氣旺而科名立致○平洋以
水為乾故曰乾水○則午山午向午來堂則午山子向午
水來上堂也○穴後為上堂穴前為中堂又前為下堂○
卯山坤山微峰

内傳下

乾山乾向水朝乾○乾峰出狀元○卯山卯向
迎源水驟富石崇比○午山午向午來堂大
將值邊疆坤山坤向水坤流富貴永無休○

此明玄空大卦向水無收之法舉四山
以例其餘皆卦內之清純者也○乾宮卦
內之山作乾宮卦內之向而收乾宮卦
內之水則龍向水俱歸生旺矣○非向龍
顧祖大說也○或云狀元或云大將或云

辨得陰陽兩路行謂坐向煞收生旺之氣五星要分
明謂星體當純粹周帀也如此則白屋公卿亦不為
難泥鰍二句言變化之妙

驟富水錯舉以見意不可拘執

家秘本

辨得陰陽兩路行五行要分明泥鰍浪裏

跳龍門渤海便翻身

陰陽兩路上文屢見此重言以申明耳

下二句言變化之妙

要知情穴內卦裝清

依得四神為第一官職無休息穴上八卦

前篇本向本水四神奇是姑置來龍而

但重向水此節穴上八卦要知情又從

情即歸厚錄之所為來情坐向不過二卦二卦各輪
坐向為四神依得四神只是取向旺之妙其在來
情猶累也穴上八卦加撥來情而謂山之來情在穴
上水之來情在穴外言山龍而水龍可撥東西二
卦以坐向卻本坐向又以來情卻本穴上格清龍骨
知來情是矧則於穴內裝子向知來情是兩則于穴
內裝壬向方能接脈

寅申巳亥水未長此楷小曲水記凡小水間一丈二
丈如其直若格其直之正中其直而帶橫者為曲水凶
格其宜之正中如正中為寅申則左右必兼坤甲
庚如正中為巳亥則左右必兼巽乾壬即節無不犯
犯差錯之理但曲之大者其入首處橫計有二十丈如
不犯差錯是二十丈為一卦此合八卦計之其圓一
百八十丈其徑六十丈立穴於六十丈之正中可以
如盡曲水如犯差錯則穴雖去曲水三十丈偏左偏
右以轉移之其為差錯如故蓋曲水大助力重向偏則
權輕勢和相和此也惟曲之小者橫計五六如其水面
之正中為子息便只作子息一位骨如橫只五丈合
二十四位計之其圓一百二十丈其徑四十丈立穴
四十丈之中即曲邦之水巳和出子息○位骨鈍巖
錯而倒不盖錯知能興福除禍巖穴獨太極索隂陽

穴上逆推到來龍以補四神之不及穴
上是龍穴內即向也
要求富貴三般卦出卦家貧之寅申巳亥
水未長五行向中藏辰戌丑未叩金龍動
得永不窮若還借庫富後貧自庫樂長春
前篇甲庚丙壬一節是四正之卦此節
又補四隅之卦觀此則支水去來凶之
謂富活都不可死看知辰戌丑未雖俗
云四庫其寔玄空不重墓庫之說借庫

五行之兩根與此向亦即而向亦重於坐是乘

之向是收之勢即披得資助

之此遇父母之小曲水當坐之

傾我向即能控制

雷向之作照神故楊公於寅申巳亥之水特表而出

之印五行向即廟要之偏燕既經控制便不犯熱雖

卯而歸之此後卯可也直為靜曲為動辰戌丑未之

向生向旺而消水於墓庫故假有庫借庫以曉之

辰戌丑未之水即於辰戌丑未方入口兩謂目庫也

若入口不在本卦則為借庫笑楊公但記入口不記

出口但記入口宜合和和不記出口宜在庫因世俗取

星起何方起此非挨星乃胎墨也六青形体整秀最

忌曲火㷀捍門官國華起皆應星之佳都下文四

位指此四位皆在外垣節主扇傾強下穴時原和此

論彼此出旺然彼此為福於我即必在出旺之傾無

論山水皆同此例

按郭氏葬經有形應二字蓋有是形即有是應乃知

出卦不能庫不出卦也是重在出卦不

出卦不重墓庫也

大都星起何方是五行長生旺火㷀相對

起高岡職位在學堂捍門官國起華表山

水亦同御水秀峰奇出大官四位一般看

極印煞之妙非和回風迎氣之可窺也

以和即坐旺無以復加也

但名之為寶蓋鳳閣金枝玉葉而無羾跣吊煞之嬭

若得即正坎離交媾三元和敗之加局則八方之水

縣府以喻陰陽二宅兩壬夾世俗所尊稱故舉以為

訵状非倒排父母以養護龍神尓無蓋也

此節言水上星辰即山上星辰尸要得

生旺之氣在山在水一同論也

坎離水火中天過龍墀移帝座寶蓋鳳閣

四維朝寶殿登龍樓羾跣吊煞休犯著四

墓多銷爍金枝玉葉四盍裝金廂玉印藏

坎離水火一卯乃一章之所重其餘星

宿總是得生旺則加之美名逢死絕則

稱為惡曜名非有定星隨氣變者也

帝釋一神定縣府紫微同八武倒排父母

家秘本

天星不空
藝濟空政
叔為結

北斗七星謂離水離宮謂坎水言坎龍必無收離龍
以包裹地紐且可克下元二十年退運也離宮相合○
天然都多但人自不察即觀寶照而云兩水相交夾
一龍方知其義○
北斗七星二卯即坎離水火中天過○

養龍神○當貴萬餘春○

帝釋丙也○八武壬也○紫微亥也○帝釋之
神最尊故以縣府名之其實陰陽二宅
得此貴之極矣然其妙用在予倒排非○
正卿也○

識得父母三般卦便是真神路北斗七星
去打刦離宮要相合○

上二句引起下文之義言識得三卦父
母已是真神路矣猶須曉得地斗七星

水長百里救折不出宮也水極○一折便出宮也言神
凶神皆以父母為最

打劫之法○則三般卦之精髓方得而最
上一乘之作用也○北斗云○何知離宮之
相合即知北斗之義矣○
子午卯酉四龍岡作祖人才旺水長百里
佐君玉水短便遭傷
取于午卯酉以其父母氣旺也○言四正○
則四維可以類推矣○水短遭傷以見出
卦之故○
識得陰陽兩路行○富貴達京城○不識陰陽

蔡照堂傳

龍即零神向即正神前一支後一支皆可薰也不獨
父母可薰子即即子息六可薰父母若同是子息支
而薰甲干而薰支此乃時師之情四代二絕除根者
也

兩路行炁丈火坑深

此即顛倒顛之義皆上文所已言而咏
嘆之

前薰龍神前薰向聯珠莫相妨後薰龍神

後薰向排定陰陽算明得零神與正神指

日入青雲不識零神與正神伐代絕除根

龍神向前皆有薰前薰後之御薰都父

母薰子息子息薰父母此即正神零神

之義

觀倒排父母是真龍可知上文前薦龍神指水而言

知

順排父母到子息謂從水裏順排

倒排父母是真龍子息達天聰順排父母

到子息代代人財退

父母子息皆須倒排而不用順排如旺

氣在坎癸倒排則不用坎癸而得真旺

氣順排即真用坎癸而反得殺氣知似

是而非毫釐千里玄空大卦半言萬語

惟在於此

一龍宮中水便行子息受艱辛四三二一

龍逆去勾子均榮貴龍行遠位主離鄉回

一龍宮中水便行吉貼穴止有一折之水而龍已出

卦也四三二一龍逆去言貼穴正當第四折之水由

第四折逆行至第一折龍不出卦也龍行遠位主離

鄉回位發經商遠位即出卦回位謂韓身仍不出卦

回位之回坊本訊作四○

一二三四曲入口數至穴塲而定其序也○四三二一○
由穴塲看到入口而循其序也○在時師或以右旋出
口為逆去在楊公即留諸之順和此時圖四三二一
而姑襲用其言耶

下半圖
兩半

上半圖
回位

遠位

時師畧知元運不分龍水則空東而反求之西宜北
而反求之南者多與註謂東邊財穀二卯即江南龍
永江北望之惠恐非思
滅蠻經之爺三元久著自偽書出而世之以訛傳訛

位發經龍

此節又申言本卦永須折折相顧若一
折之後便出本卦雖然得發必受艱辛
矣必三四節逆去皆往本卦乃諸子齊
發也遠位即出卦一出卦即主離鄉若
出卦之後又還歸本卦反主為商得財
而歸其應驗之不爽如此

時師不識揆星學只把天心摸東邊財穀
引歸西北到南方推老龍終日卧山中何

家秘本

當不易遇○止是自家眼不的○亂把山岡覓○

東邊財穀二句托喻○即江南龍來江北

望之義玄空妙訣也○嘆惜世人不得真

傳胡行亂走肯哉言乎

世人不知天機秘泄破有何益○汝今傳得

地中仙玄空妙難記翻天倒地更玄玄大

卦不易傳更有收山出煞訣及薰為汝說○

相逢大地能幾人○個個是知心若還求地

不種德慈口深藏舌○

家秘本

篇中述敘授受之意深戒曾公安之善
寶之也結語歸重於種德令之得傳者
不慎擇人輕洩浪示恐雖得善地不能
實受其福矣而洩天寶者重違先師之
戒其不干造物之怒而自取禍咎者幾

希矣

天玉經終

古今知地理之人間世一出其書罕傳於世自青囊青鳥而外
寥寥寡聞其開闢闡奧啟迪後人數千年來楊公一人而已有
唐黃巢之亂京師失陷公獲秘書於內府因得徹陰陽之秘其
著為篇章發明自得之旨流傳於世若天玉經撼龍經疑龍經
青囊奧語其最著也予去公又千餘年幸而得公真訣嘆地理
之學世無人知而偽書充棟流毒天下惟幸公之真書猶在可
與所傳之訣符契相從用以表信惜其書為世人錯解嘗思自
為傳註校正厥謬往尊風塵未克偶事間與當世明哲之流究

晰此義未嘗不樂申公言也曾後世本之外又得遍地鈐一篇

以為公之遺書廢幾盡此矣癸夘過丹陽友人張明我又出寶

照經三卷質其真偽予一見而定為真楊公所作問其所從來

蓋得之術者楚中黃君雖未嘗剞劂行世其轉相傳寫以及於

今歷世久矣嗚呼寶器干將沉埋古獄龍文燭之上徹於天和

逢拂拭熟睹非常公之為書高矣美矣世之有是書者曾未之

知予因先得公之訣而後見公之書故目之所寓黙契諸心心

之所會能喻諸口入曲探微豁然無滯有似豐中故老作来新

邑放雖犬於道競識其家不自知其身之非舊所也舊註并圖

例○為不知者妄意補綴予悉刪去之即以向所得訣與門人姜
生依文訓解辨難周悉雖去公千餘年無異暗對一室相視莫○
逆○夫亦可以不憾矣夫地理之道指歸於一世人不知途徑紛
出○以為其家五行其家作法所由偽訣滋多而古先聖賢之心
法○寢以流失也此書所言與天玉諸篇文雖不同未始有異義
豈○惟楊公之書無異即上而青囊青烏管郭諸家下而陳圖南
賴○布衣劉青田幕講僧數千年來通人誼士茍得天心正訣者
皆○無異也凡楊公書辭不雅馴而天機發越浩乎有一往之氣
於○群書之中推文較義自成一家言槩非他人所能擬似予於

楊公不特能辨之以訣而并能識其為文輒敢自附於真知公者也後學杜陵蔣平階大鴻氏敬撰

都天寶照經

杜陵中陽子蔣平階大鴻氏傳

會稽門人姜垚汝皋氏叅

唐　楊益筠松著

上篇

楊公妙應不多言實實作家傳人生禍福

由天定賢達能安命貧賤安墳富貴興全

憑龍穴真龍在山中不出山掛在大山間

若是砂曲星辰正收得陽神定斷然一葬

便興隆父發子傳榮

離祖離宗星辰出即落頭定有一星辰非火土即金
也此是真龍骨謂星辰皆石骨也兒孫謂旁枝文武
謂東西其中間一脈直見大溪方住手即下文穴見
陽神三摺朝大水大湖齊到處見水方能止也此節
當分三節好龍至出豪雄為一節若得遠來孝榮華
斷為一節大水至說與君聽為一節盡反覆言之破
石即羅星高山即城郭

水口亂石乃真龍之餘氣餘氣如此則結穴之正氣
可知故以為出豪雄非取亂石鑽水便不奔旋也
穴見陽神三摺朝非山上龍神忽然下水也即水可
以驗山大水三摺於穴前其為正龍之盡結可知故
曰此地出官僚津河溪澗同此看謂無論水之大小
皆可以驗龍焉之結此等水法不必合元山是來焉
水是照神各有所旺之元皆可發福

蔣氏曰此一節專論深山出脈老龍幹

家松本

氣生出嫩枝之穴。

好龍脫劫出平洋百十里來長離祖離宗

星辰出此是真龍骨前途節節出兒孫文

武脈中分直見大溪方住手諸山皆不走

個個回頭向穴前城郭要周完水口亂石

堆水中出地出豪雄若得遠來龍脫劫發

福無休歇穴見陽神三摺朝此地出官僚

不問三男并五子富貴房房起津湖溪澗

零陰正陽山法乙坐零向正故謂向前之水為陽神
軍州大地謂如此大地乃軍州不可多得者也軍州
見下節註中

同此看衣祿榮華斷〇大水大河齊到處干
里〇來龍住水口羅星鎖住門似大將屯軍
落〇頭定有一星形非火土即金正脉落平
三〇五里見水方能止二水相交不用砂只
要〇君如麻更看硤石高山鎖密〇〇來包裹
此是軍州大地形細說與君聽〇
蔣氏曰此一節專言大幹傳變行龍盡
結之穴〇謂之脫刦龍又名出洋龍雖云
城郭要周完總之城郭都在龍身上見

蔾照堂傳

家秘本

不必於穴上見蓋龍到脫卸出洋雖衆

山擁衛而行前數節群枝翼張羽儀簇

簇至於幾經脫卸之後近身數節將結

穴時龍之踪跡愈變而龍之機勢愈疾

此非左右二砂所能幾及往往龍只單

行譬之大將匹馬單刀所向無前一時

偏裨小校都追從不及所以有不用砂

之說也高山不甚重水獨此等龍穴以

水為證者何與山剛永柔水隨山之行

以為行山不隨水之止以為止而云直
見大溪方住者非謂山脉遇水而止也
正因山脉行時水不得不與之俱行則
山脉息時水不得不與之俱息故幹龍
大盡之地自然兩水交環有似乎千里
來龍遇水而止也既云不用砂而又云
家〻包裹者何也夫結穴之處雖不取
必於兩砂齊抱要之真龍憩息之際定
不孤行外纏夾輔隱〻相從水口星辰

有時出現大為硤石小為羅星近在數

里遠之二三十里皆不可拘前所謂砂

指本身龍虎而言後所謂鎖指外護捍

門而言也只要石如麻則不止謂水口

而已正言本身結穴之地蓋幹龍剝換

數十節其渡水崩洪穿田過峽不止一

處若非石骨行龍何以見真龍結體今

人平地墩阜慣認来龍指為大地正坐

此弊也尾去山數里即有高阜或由人

工○或出天造○既無真脉相連○又不見石

骨稜起總○不謂之龍穴○所以落平之龍○

重起星辰○必要石如麻也○有石脉乃為○

真龍有石○穴○乃為○真穴○山龍五星皆結

穴○其云落頭一星○獨取火土金者大約

近祖枝龍宛蜒而下○都結水木出洋幹

結踴躍而起○都作火土金雖不可盡拘○

而大體有如是者○前章一裴便與父發

子榮○是言山中枝結龍稱而局窄往、

心一堂術數古籍珍本叢刊 堪輿類 蔣徒張仲馨三元真傳系列 一九四

家秘本

時師於陰陽二宅每求後頭實地之龍故駁之曰天
下軍州總住空何曾撐著後頭龍又以軍州處水神
環繞之中引起穴場也在水動地靜之中即太極篇
所謂以水之太極為穴之太極也苟含卻到頭一節
於何辨之此只說攀騎二穴
到頭之水有中間傍水之地穴有中間求水之中間

易發此章言發福無休歇五子房房起
是言出洋大盡龍老而局寬往往發遲
而久長意在言表也
姜氏曰前章言山谷初結之穴此言出
洋盡結之穴山龍之法雖不盡於此而
大畧已備於此矣
天下軍州總住空何曾撐著後頭龍只向
水神朝處取莫說後無主立穴動靜中間
求須看龍到頭

以求地之中間而穴可立矣。此是説挟龍穴
水地不相離凡龍腹穴水自此而止於此處轉則地氣必於彼
處入凡龍頭穴水自此而止於彼則地氣必自彼而
泊於此此蔣註所謂玄竅相通者也

蔣氏曰此節以下皆發明平洋龍格與
山龍無涉吳楊公唐末人唐之言軍州
猶今之言郡縣也盖以軍州為証見城
邑鄉村人家墓宅凡落平洋並不論後
來龍脉但取水神朝繞便為真龍憩息
之鄉夫地靜物也水動物也水之所止
即是地脉所鍾一動一靜之間陰陽交
媾雌雄牝牡化育萬物之源所謂玄竅
相通即丹家玄關一竅也此便是龍之

山之穴星曰火土金水之穴星曰水土金山水之氣

殊也　從脊脉下盤龍骨方見

節　同行謂父母魚子息而行

子字出脉子字尋莫教差錯丑與壬壬字魚亥在内

此是看曲水之法劈起下三節就攀騎二格以明元

貪狼本木而曰水為貪狼土為巨門金為武曲者盖

本方位之坎坤巨乾武以名形局之星辰也看脉

猶暑看脊乃詳星辰既合方轉身覆看其出脉之脊

如坎水必脊在子上為貴旨脊在癸上必差子丑

脊在壬上必差錯子亥壬癸非差錯以其為脊而差

錯也此楊公格龍之至寶不輕漏洩者青囊序云先

看金龍動不動即此節到頭要分水土金次察血脉

認来龍即此節又従分水脊脉處便把羅經照出路

學者詳之

而楊公之寶照之秘旨盡矣

到頭也識得此竅則知平洋真龍訣法

楊公妙訣無多説因見黄公心性拙全憑

掌上起星辰類聚裝成為妙訣大山喚作

破軍星五星所聚脉難分但看出身一路

脉到頭要分水土金又従分水脉脊處便

把羅經照出路節　同行過峽真前去必

定有好處子字出脉子字尋莫教差錯丑

與壬若是陽差與陰錯勸君不必費心尋

大水汪洋浩漫。不能察其骨子。斷其何龍。故曰五星
所聚脉難如

蔣氏曰。自此章以下。皆楊公平洋秘訣。
字字血脉。而又字〻隱謎。非真得口口
相傳天機鈐訣者。未許執語言文句。方
寸羅經。而妄談二十四山八卦九星之
理也。苟得口傳心受。則雖愚夫稚子。可
悟揚公心訣。不得口傳心受。縱智過千
夫。讀破萬卷。何能道隻字耶。此書乃楊
公當日裝成掌訣。傳與黃居士妙應者。
大山喚作破軍星言水法滰散迷茫之

家秘本

處五星混雜出脉末見分明概名之曰

破軍而不入龍格只取龍神一路出身

之脉其脉又分水土金三星合貪巨武

為吉而餘星皆所不取此三星者乃形

局之星非卦交方位之貪巨武也學者

切莫悮認自分水脉脊以下乃屬方位

理氣美故云便把羅經照出路也蓋看

得水神龍脉既合三吉星格其地似可

取裁乃將指南辨其方位以定卦之合

不合也合卦則用之○不合卦仍未可用

也節節同行卦無偏雜乃許其為過脉

峽真而知前去定有好穴不然則行龍

先見駁雜到頭何處剪裁子字以下乃

直指著龍訣法而舉坎卦一卦為例若

出脉是子字湏行龍只在子字一宮之

內乃為卦氣清純如偏於左而癸與丑

雜是子癸一卦而丑字又犯一卦也如

偏於右而壬與亥雜是壬子一卦而亥

午丁酉辛同當一路同行而註以為同中微異者如
午○熏丁酉熏辛而同到方能穴于坎震巽輔星亦收
之○以成五吉若丁熏午辛熏酉而同到則半穴于艮
宮巽宮而無所用之然則真龍可易得乎
若有山水一同到半穴乾坤艮巽宮半字湏認若徒
子午卯酉出脉與癸丁乙辛同到穴同在坎離震兌
宮也惟癸丁乙辛出脉則穴雜于乾坤艮巽宮奧蔣
註云觀一路同三字同中微異湏加剖別意在此也
註又云末一句輔星五吉指天元宮最清者言此語
極精微蓋天元龍以地元龍為輔彌地元龍神富天
元時已無餘氣萬、不可收入內局一收入內局便
犯本元然、又如內局龍神短淺主弱不能制實雖
置輔彌于外宮○妬也惟攀騎二格曲水向穴而
来到穴時湾環必更長大轉為界水界水即是輔星

字○又犯一卦也此為卦中之陽差陰錯

非全美之龍故云不必費心尋也

子癸午丁天元宮卯乙酉辛一路同若有

山水一同到半穴乾坤艮巽宮取得輔星

成五吉山中有此是真龍

蔣氏曰此承上節羅經照過峽詳言方

位理氣即天王玄空大卦之作用也其

法分子午卯酉為天元宮寅申巳亥為

人元宮辰戌丑未為地元宮隱然天元

既不處外局亦不占內局主強賓伏對待有情此氣
之最清而不覘為真龍者也若掌足之形界水直過
無回抱之勢不得為輔星尤不得為真龍又真龍以
天然而得名可見天元一條於止水之開整修補尚
未言及也天元之龍必替于艮運坤龍必
替於離運坤龍力者何也天元與地元相對相反坎龍必
薰兩元龍力者何也天元之龍必替于兌運隨其
所收之龍而取彼之輔星以連扶不逮謂之薰兩元
龍力正明其三元不敗也惟三元不敗所以為五吉
龍力正明其三元並旺而註謂收得輔星可
坎龍薰離獅坤龍薰艮輔可以三元不敗故曰坎坤
不替震龍亦可薰兌破然不過百二十年故兌破不
在五吉之內

尤妙
小水右抱主艮穴後小水由兌入震
龍骨屸存不可不慎
顧我欲留
艮水能化輔弼然吉

低
又低
略薄

之妙理引而不發欲使學者得訣方悟
其敢妄洩天機犯造物之忌哉此取四
仲之支為天元宮者非此四支皆為天
元乃謂此四支之中有天元者存也而
其本文又不正言子午卯酉乙辛丁癸
必錯舉子癸午丁卯乙酉辛者此其立
言之法已備出脉審峽定卦分星之密
旨觀一路同三字同中微異須加剖別
已在言外下文乃全露其機云此八宮

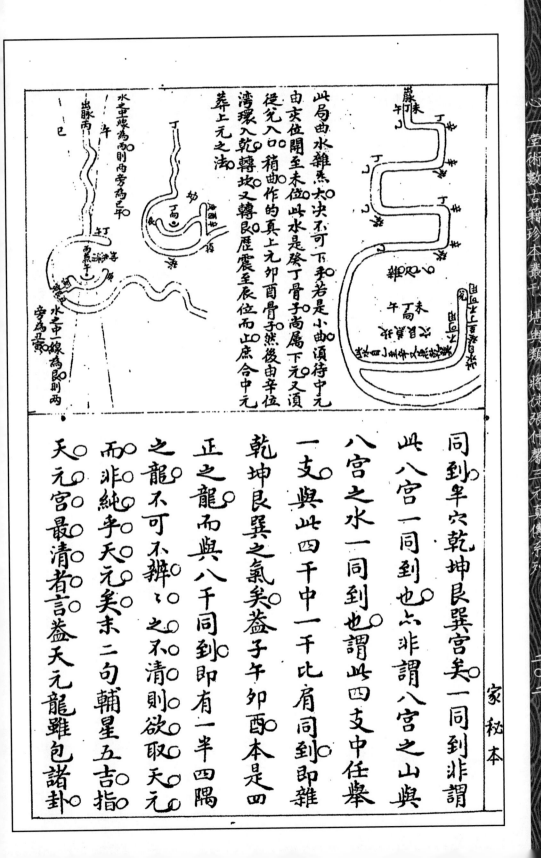

此局曲水雜亂大決不可下乎若是小曲須待中元
由亥位開至未位此水是癸丁骨子尚屬下元又須
徑兌入口稍曲作的真上元卯酉骨子然後由辛位
灣環入乾轉地又轉艮歷震至辰位而山庶合中元
莽上元之法

同到卯穴乾坤艮巽宮美一同到非謂
此八宮一同到也六非謂八宮之山與
八宮之水一同到也謂此四支中任舉
一支與此四干中一干比肩同到即雜
乾坤艮巽之氣美益子午卯酉本是四
正之龍而與八千同到即有一半四隅
之龍不可不辨也之不清則欲取天元
而非純乎天元美末二句輔星五吉指
天元宮最清者言益天元龍雖包諸卦

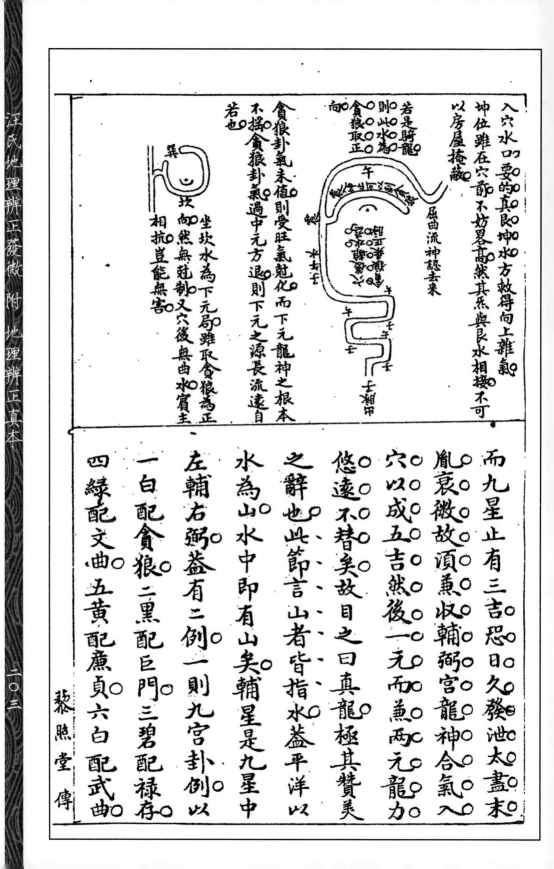

入穴水口要的的真艮坤水方救得向上雜氣
坤位雖在穴前不妨畧高然其照與艮水相接不可
以房屋掩蔽

屈曲流神認去來

若是騎龍
則此水為
貪狼取正
向

向
貪狼取正
則此水為
若是騎龍

貪狼卦氣未值則受旺氣尅化而下元龍神之根本
不搖貪狼卦氣過中元方退則下元之源長流遠自
若也

相抗豈能無害
坎向然無尅制又穴後無曲水實主
坐坎水為下元局雖取貪狼為正

而九星止有三吉○恐曰久發泄太盡末
胤衰微故須蕭收輔弼宮龍神合氣入
穴以成五吉然後一元而蕭兩元龍力
悠遠不替矣故目之曰真龍極其贊美
之辭也此節言山者皆指水益平洋以
水為山水中即有山矣輔星是九星中
左輔右弼益有二例一則九宮卦例以
一白配貪狼○二黑配巨門○三碧配祿存○
四綠配文曲○五黃配廉貞○六白配武曲○

家秘本

七赤配破軍八白配左輔九紫配右弼○

此天玉經玄空大卦之定理也一則八

宮卦例將輔弼二星并一宮分配八卦

製為掌訣二十四山系於納甲之下互

起貪狼為立向消水之用陽宅天醫福

德亦同此訣竊以之彰往察來皆無明

驗蓋即天玉所辨二十四山起八宮唐

一行所造後人指為滅蠻經者也二說

真偽判然不可惧認五吉即三吉蓋形

局九星以水土金三星為貪巨武三吉〇

而輔弼為入穴收氣之用方位九星亦

有三吉雖以貪狼統龍而每宮自有三〇

吉不專取巨武此節天元宮以輔為五

吉中有隱語非筆墨所敢盡既云五吉〇

則分輔弼作兩星以配九宮其非八宮〇

之訣明矣若在人地兩元別有法見

諸下文此節以下所舉干支卦位俱帶

隱謎若從實推詳不啻說夢非楊公言

楊公不滿地元故以四隅之辰戌丑未言之然世俗
每以丑艮為夫婦辰巽為夫婦戌乾坤艮巽與乾
相為夫婦而為乾坤艮巽獨為之宗則下元三卦六以
父母為貴可知下文甲庚丙壬便可作子午卯酉看脉
取貪狼見前圖○
甲庚壬丙為正向脉取貪狼護正龍或云坎水為下
元正龍若坎之旁二爻水不盡占則實地足以留貪
狼之脉而為正龍之護矣愚謂楊公從無實地求龍
之說沉水旁之地只是水氣不得以天陽日之揺之
下元蒸宮初無別法或離上有抱水或離上有蔭泉
或坎龍發足震龍轉關離龍入首皆是也然此處與
上下文為例只指把水陰水前註云人地兩元別有
蒸法言人元以天元為輔弼地元以貪狼為輔弼非
如天元之取真輔弼弼也
上元龍力本厚故坤震各取對面輔星以成五吉下
元龍力本薄故兌艮雖有對面輔星亦不能救敗惟

外之真旨矣○

辰戌丑未地元龍乾坤艮巽夫婦宗甲庚
丙壬為正向脉取貪狼護正龍

蔣氏曰此取四季之支為地元龍者亦
原在乾坤艮巽卦內故曰夫婦宗此元
謂此四支中有地元龍者存也此四支
氣局逼隘不能兼他元為五吉止取貪
狼一星真脉入穴護衛正龍根本則卦
氣未值其根不搖卦氣已過源長流遠

家秘本

以貪狼一脉為貴註言此與天人兩元廣收五吉者

有殊是也

下元坎上曲水作大灣從離上過立子向穴後鑿一
止水從坤申入止於甲夘其斜受之八尺固不雜也
中藏丙午丁水在本元点随甲夘坤申同引坎宫之
水生尅制化須熱記意畵在此至上元丙午丁水得
令点能救散若震上有曲水須從離上轉過兑上而
去立穴夘向止水入自坤申畵於戊或壬子中藏
庚酉辛水至上元得令時点能與離水為援所謂同
氣相求也二者守脉取貪狼之作法然立向須從堂
局未能盡以父母為拘
上云山中有此是真龍専就生成者訢也此云脉取
貪狼護正龍則点就開鑿者言矣
註云卦点未值其娘不搖卦氣己過源長流遠卦氣謂
貪狼根源謂正龍
惟生卦得令之時實為之用斯主卦失令之時實為
之援主賓強弱之勢不可不辨
中元乾巽兩宫各有曲水方合中黄上格若但一宫

斯為作家妙用貪狼即在甲庚壬丙之
中故但於此取正向乘正脉與天人兩
元廣收五吉者有殊不言輔星輔弼己
在其中故也楊公著書泛論錯舉之
其金針玉線一絲不漏盖如此
寅申巳亥人元來乙辛丁癸水來催更取
貪狼成五吉寅坤申艮御門開已丙宜向
天門上亥壬向得巽風吹
蔣氏曰此四孟之支点属四隅卦此四

有水擱為次格也上元龍氣於中元正發故可於內
局收之

註挨觀三節文義一段就楊公之錯舉而不亂以正
雙山五行干支相配之非

中元明取貪狼其發不遲下元暗取貪狼其發稍遲
要之九紫運中貪狼不得而與也明取貪狼幹水包
支水也暗取貪狼旺水包衰水也皆母把子之象故
於本元即以生貴子許之

觀節末二句乃知節首一句當是艮坤巽乾人元來
也然既以寅申巳亥為四正遂以乙辛丁癸為四隅
明其四面有水為中黃之局若是壬亥來脉宜立亥
向則更取貪狼小水以成五吉若是巳丙來脉宜立
巳向則更開寅坤申艮之門以收納之畢竟是偏
氣不若父母來脉為妙

註曰巳屬巽而反曰天門亥屬乾而反曰巽風顛倒
裝成其托意微而且幻所謂托意微者必偏氣宜向
不宜堂也不然註何不即以向天門為亥向巽風吹
為巳向

卦中有人元龍者存也天元之後即應

接人元楊公因三才三正之序顛倒錯

列以隱秘其天機使人不易測識耳山

元龍格之必薦貪狼而後先榮後凋若

不薦貪狼慮其發遲而驟歇矣用乙辛

丁癸水催之者謂四水中有貪狼也山

宮廣大薦容故旁及坤艮六所不礙故

曰御門開若是巳丙壬亥相薦則犯陰

陽差錯之龍矣法宜去丙就巳去壬就

出脈巳

小水入口的真子辛骨子所謂更取貪狼成五言也

乙向巽

八尺

不雜

寅坤申艮
御門開

小水入口的真坤艮骨子

夾以清乾巽之氣此則專為人元辨卦
而言處處欲要歸一路益一路者當時
直達之機無取者先時補救之道不直
達則取勝無選鋒不補救則善後無良
策二者不可偏廢也總觀三節文義子
午夘酉配乙辛丁癸辰戌丑未配乾坤
艮巽為夫婦同宗而寅申巳亥獨不配
甲庚丙壬為夫婦則其本意不以甲庚
丙壬屬寅申巳亥可知矣此正合天玉

藜照堂傳

家秘本

玄空大五行作用而非十二支配十二

干為一路之俗說也故不曰寅申坤艮

而曰寅坤申艮非以寅為坤以申為艮

也已屬巽而反曰天門奕屬乾而反曰

巽風顛倒裝成其託意微而且幻類如

此至其立言本旨不過隱然說出陰陽

交互之象然篇中皆錯舉名目不肯分

明至後節主客東西方露出端倪而終

不顯言先賢之戒慎如此使我有浪泄

天機之懼矣〇

貪狼原是發來遲坐向穴中人未知立宅〇

安墳過兩紀方生貴子好男兒〇

蔣氏曰貪狼諸卦之統領得氣先而施

力遠〇何云發遲此言人地兩元薰收之

脉不當正卦傍他涵蓄故力不專是以

遲也兩紀約畧之辭生貴子正見誕育

賢才以昌世業隱含悠久之義非若他

宮一卦乘時催官暫發之比若夫應之

遲速。是不一端。烏可執此為典要也。

有禮客尊重客。在西兮主在東。

立宅安墳要合龍。不須擬對好奇峰主人。

蔣氏曰山龍真結。必對尊星而後出脉。

或迴龍顧祖或枝幹相朝先有主峰乃

始結穴。故必以朝山為重非重朝山正

重本身出脉真偽也平洋既無来落但

以水城論結穴。水自水山自山雖有奇

峯並非一家骨肉。向之無益故只從立

山水之交媾山字只作地字看

穴慮消詳堂局收五吉之氣謂之合龍。
而不以朝山為正案也末二句乃一篇
之大旨精微玄渺之談所謂主客又不
止於論向而指為龍為主人向為賓客
也主客猶云夫婦實指陰陽之對待山
水之交媾一剛一柔一牝一牡玄竅相
通皆在於此言有此主便有此客有此
客便有此主主客雖云二物實一氣連。
貫如影隨形如谷答響交結根原一息。

不○離○非謂既有此主乃更求賢賓以對

之○也○東西蓋舉一方而言點點可云主在

西○兮○客在東點可云主在

主○在○南兮客在北八卦四隅無不皆然

所○謂○陰陽顚倒顚也自天下軍州至此

統○論○平洋龍法其中卦位干支秘訣總

不○出○此二語故於結尾發之以包舉通

篇○之○義學者所當潛思冥曲體之者也

姜○氏○曰寶照發明平洋龍格開章直喝

天下軍州總住空何曾撑著後頭龍大
聲疾呼朗吟高唱此為楊公撰著此書
通篇眼目振綱挈領之處不可泛泛讀
過○盖平洋龍格舉世所以茫然者只因
俗師聲聲將山龍溷入無從剖辨齰處
成迷也平洋之作法既迷并山龍之真
格亦謬失其一并害其二吳楊公苦心
唱此二語醒人千古大夢使知平洋二
宅不論坐後来脉凡坐空之處反有眞

山以山脉為胎息五育水以水脉為胎息孕育山水皆
有形之陰而皆有以招攝無形之陽本非相反也第
以山之脉自上而下水之脉自下而上故山必坐實
向空乃能接脉而水則反是所以謂之相反耳學者
勿得錯解而概謂山龍水龍截然相反也

龍坐實之處反無真龍與山龍之胎息○
孕育截然相反欲學者從此一關打得○
透徹更不將剝換過峽高低起伏馬跡○
蛛絲草蛇灰線等字纏擾胸中只在陰○
陽大交會處悟出真機而後八卦九星○
干支方位以次而陳絲絲入扣平龍消○
息始無星漏之處平龍既無星漏而山○
龍太更無星漏矣偏不明此義只將後○
龍来脉膠葛糾纏則造化真精何從窺○

見雖授之以八卦九星之奧亦無所施

也窮年皓首空自茫茫高山平洋摠歸

魔境我於是益嘆楊公度人心切也後

篇所以覆舉二語重言以申明之意深

切矣○

此篇前十二句為一章言深山支龍之

穴中三十四句為一章言幹龍脫煞出

洋之穴○此二章皆屬山龍後四十六句

分七節為一章言平洋水龍之穴○

分明見者枕疑慮言實地高超之脉即分明可見究
無足憑也水性下凡地中有水氣者必平坦低下其
高突處皆不沾水氣者也平洋葬凸之說大謬
平洋之龍不在於實而在於空空則水至空則水到
空則水深空則水大皆龍之所以活也
盡是空龍撥擺踨已指水龍而言所謂引而不發也

中篇

天下軍州總住空何須撐著後來龍時人

不識玄機訣只道後頭少撐龍大凡軍州

住空龍便與平洋墓宅同州縣人家住空

不空時非活龍教君看取州縣場盡是空

龍撥擺踨莫嫌遠來無後龍龍若空時氣

不空兩水界龍連生窟穴得水兮何畏風

但看古來卿相地平洋一穴勝千峰

蔣氏曰天下軍州二語。前篇已經喚醒。

楊公之意猶恐後人見不真信不篤故

反覆咏嘆層々洗發窮追到底鑿其所

以然之故又恐概說軍州大勢尚疑人

家墓宅或有不然故指實而言軍州如

是墓宅亦無不如是只勸世人揀擇空

龍切勿取實龍作撐也所以然者何也

山龍只論脉来平洋只論氣結空則水

活而氣来融結實則障蔽而生氣阻塞

子午卯酉四山龍坐對乾坤艮巽宮言子午卯酉乾
坤艮巽八宮皆互相坐對而為龍也八卦五行以乾
卦領震坎艮三男而屬陽坤卦領巽離兌三女而屬
陰其義誠善然據其陰陽而謂己丙申庚一氣夾壬
寅甲一氣則方隅混雜而差錯不可勝言矣摠之造
化和外陰陽陰陽莫非對待河圖以數之序相對待
也洛書以數之成相對待也文王八卦以卦相對待
也伏羲八卦以爻相對待也而先天即有氣後天乃

肉眼但見淋淋平田毫無遮掩疑為坐
下風吹散氣之地不知水神界抱陽氣
冲和平洋之穴無水則四面皆風有水
則八風頓息所謂氣乘風則散界水則
止也古人之言正為平洋而發也

子午卯酉四山龍坐對乾坤艮巽宮莫依
八卦陰陽取陰陽差錯敗無窮百二十家
渺無訣此訣玄機大祖宗来龍須要望龍
穴後若空時必有功帝座帝車竝帝位帝

家秘本

有位○地理之用○本河圖與伏羲八卦○以明天為陽地
為陰○有陰必有陽○與後天八卦以求之○有陽必有陰以應之○有
書與後天八卦以求之○陰在此則陽在彼○陽在彼則陰
在此山惟位有方隅○陰陽之辨斷氣有方隅之今八卦五行
以先天之氣而蒸後天之位豈有當哉
來龍須要望龍穴後若空時必有功言穴後有水斷
穴前有龍穴對待之義

宮帝殿後當空萬代侯王皆禁斷予今隱
出在江東陰陽若能得遇山蚯蚓逢之便
化龍
蔣氏曰此明八卦之理○即前子午卯酉
屬坎離震兌四卦乾坤艮巽又四卦之
義也所謂坐對非指山向益四正卦與
四隅卦兩兩相對故云然也八卦陰陽
者指八卦五行以乾卦領震坎艮三男
而屬陽坤卦領巽兌離三女而屬陰山

黎照堂傳

家秘本

先天之體。非後天之用以之論陰陽則

差錯而敗不勝言矣談陰陽者百二十

家。皆此是彼非渺無真訣。惟有玄空大

卦乃陰陽五行大祖宗。聖聖相傳非人

勿示也識得此訣雖帝王大地瞭若指

掌特禁秘而不敢言耳楊公自言既得

至道不敢炫燿於世故披褐懷玉抱道

無言然天寶雖秘惜而救世之心未嘗

少懈曾於天玉經江東一卦諸篇隱出

其旨世之好陰陽者有緣會遇信而行
之頃刻有魚龍變化之徵也或云楊公
得道之後韜光晦跡背其鄉井隱於江

東俟考

子午卯酉四山龍支魚干出最豪雄乙辛
丁癸單行脉半吉之時又半凶坐向乾坤

艮巽位黃輔而成五吉龍

蔣氏曰此皆楊公隱謎舉四正為例若
行龍在子午卯酉四支長流不雜薰

乙辛丁癸之脉而曰坐向乾坤艮巽位辰戌丑未之
脉而曰甲庚壬丙葬坟多似教人立斜出而收斜飛
水而其實不然蔣公所以謂之隱謎也乾坤艮巽即
代子午卯酉字甲庚壬丙即代乾坤艮巽此益指
一道單纏而言註云以方圓為規矩而局自正
嘗執一方圓謂地局此等地固有水稍偏而局自正
者因局立向龍氣自合但就穴上別方位入首一卦
與盡頭一卦之中間必有不合无之一卦故曰黃輔
而成五吉龍

凡直水與微曲水之正中恰當父母之正中即為父
母車行恰當子息之正中即為子息之正中若摺水以
橫為直便左行右行而非單行車行直水撲不可用
必有發足又有入首方可就局取裁本文子午卯酉
辰戌丑未皆謂之山其指入首可知若或左或右入
一首之水是兩卦之子息決不可用若是一卦之子息
雖屬偏氣然旺重煞輕尚可尅制制化之道在于八

家秘本

帶干位〇總不出本卦之內其脉清純故
云最豪雄也〇若乙辛丁癸雖屬單行〇未
免少偏〇即犯他卦〇所以吉凶泰半也〇言
子午卯酉而乾坤艮巽不外是矣〇言乙
辛丁癸而甲庚丙壬不外是矣〇辨龍既
清〇乃於諸卦位中隨便立向〇則又以方
圓為規矩〇而未嘗執一者也〇
辰戌丑未四山坡〇艮坤乾巽甲庚壬丙葬墳多〇若依
此理無差謬〇清貴聲名天下無〇為官自有

尺不雜而坐向○父母為尤妙又須知發足骨子與八
首骨子必須一元若發足之後別有轉灣然後入着
雖不一元而少不敵多反能相助叮謂薰輔而成五
吉○龍也
八卦不是真妙訣駁凈陰陽陰山陽水禍百端駁
雙山五行得水謂収水焉於穴中
水若朝來須得水前後皆是朝穴不專指朝向註云
収入玄竅之中謂穴得水而陰陽交媾也

起身路兒孫白屋出登科八卦不是真妙
訣時師休把口中歌敗絕只因用卦差何
見依卦出高官陰山陽水皆真吉下後兒
孫禍百端水若朝來須得水莫貪遠秀好
峰巒審龍若依圖訣葬官職榮華立可觀
蔣氏曰此指四隅龍脉而言而舉辰戌
丑未為隱謎也謂此等行龍而取甲庚
壬丙向者甚眾必須龍法純全向法合
吉毫無差謬而後清貴之名卓於天下

也○起身路○正指來龍之路○八卦本是真

訣而慎用則禍福顛倒故云非妙訣後

章八卦只有一卦通乃始微露消息矣

收水之法向云陰用陽朝陽用陰應乃

卦理至當不易之言而竟有陰山陽水

陽山陰水反見災禍者則辨之不真陽

非陽而陰非陰也得水二字世人開口

混說然非果識天機妙旨收入玄竅之

中雖三陽六建齊會明堂虎抱龍廻涓

玄機妙訣承上文指平洋水法而言言擇地者更當
向著山地細求此訣也後天以坎離代乾坤而乾坤之
一陽寶言于坤之二陰故水之爲物與火相澒與木
相澒與金相澒故謂凡有山之水可以不論山而有
澤通氣乃澤之氣也通于山非山之妙于五行易言山
蔣公深知此義故謂凡有山之水可以不論山而有
水之山不能不論水過山水相蔭之地而細求水訣
山欲合山水爲一元非如歸厚錄註山水各一元兩
元並發之謂也從四正支山尋玄空祖脉而果合旺
運則雖干神下穴點可永無憂吳寅申巳亥之龍乙

滴○不○漏○總○未○可○謂○之○得○水○若○知○得○水○真○
訣○即○陰○陽○八○卦○之○理○示○諸○斯○乎○莫○貪○遠○
秀○好○峰○即○上○篇○已○發○之○義○致○其○叮○嚀○之○
意○云○爾○
玄○機○妙○訣○有○因○由○向○指○山○峯○細○細○求○起○造○
安○墳○依○此○訣○能○令○發○福○出○公○侯○真○向○支○山○
尋○祖○脉○干○神○下○穴○永○無○憂○寅○申○巳○亥○騎○龍○
走○乙○辛○丁○癸○水○交○流○若○有○此○山○并○此○水○白○
屋○科○名○發○不○休○昔○日○孫○鍾○扦○此○穴○從○此○聲○

藜照堂傳

辛丁癸之水。本犯差錯。而科名反藉以不絕者。以能
配合玄機。不犯差錯。故也。本是玄空父母山脉。而立
向。於子息之正中。前後八尺不雜。坐足以接山脉。向
可以受照神堂。復有差錯之嫌乎。天玉云雙山雙高
水。零神富貴永無貧。夫雙山雙向。猶發福子水之零
神況非雙山雙向者乎

名表萬秋。

蔣氏曰。通篇皆言平洋。此章乃插入山
峯者何也。蓋八卦九星。乃陰陽之大總
持。故凡有山之水可以不論山而有水
之山不能不論水。若遇山水相薫之地
未可但後山龍而論還源細細尋求。穴
必合此玄空大卦之訣。而後墓宅產公
侯也。祖脉必要支山。蓋從四正而論下
穴立向。則不拘干支矣。此祖脉乃玄空

必有来龍而後可看其坐何字為正穴此来龍己指
後空言今作二句一虛一實也州縣官倚此言形局
之整矣壬癸為骨而巽竟壬者也巳丙巳為骨而巽
巽丙者也尼范蠱十句皆指小曲水言惟小曲水故不
以子息出脉為嬌但合于旺相而為回龍朝祖之字
水則富貴可期矣然畢竟是偏然可向不可坐故明

之祖脉非山龍之来脉也讀者切勿錯

認寅申巳亥乙辛丁癸俱屬易犯差錯

之龍故曰騎龍走水交流文有殊義無

別此山此水而科名不歇者不犯差錯

故也孫鍾墓在富陽天子岡本山龍而

収富春江長流之水故引為証

来龍湏看坐正穴後若空時必有功州縣

官衙為格局必然清顯立威風范蠱蕭何

韓信祖乙辛丁癸足財豐亥壬聲龍興祖

言依圖取向而註之但以前朝曲水釋之○

格已丙旺相一般同○寅申巳亥等五言乙」

辛丁癸四位通○緋畫錦何榮顯三姓五

鼎受王封龍回朝祖玄字水科名榜眼及

神童後空巳見前篇訣穴要窩鉗脉到宮○

試看州衙及臺閣那個靠著後來龍砂揖

水朝為上格羅城擁衛穴居中依圖取向

無羞惧不是王侯即相公○

蔣氏曰後空之旨屢見篇中而此章又

反覆不已者蓋後空不但無來脉而已○

并重坐下有水乃謂之活龍擺撥而成○

真空有氣也故首句云坐正穴實指穴○

後有水取為正坐也古賢舊蹟往往如○

此○遍地鉗所謂杜甫盧仝李白祖此又○

引范蠡蕭何韓信總全此格下列諸干○

支言不論是何卦位只要合得五言收○

歸坐後發福如許爾故下文即接回龍○

顧祖玄字水分明指出前朝曲水抱向○

穴後乃回龍顧祖之格也神童黃甲必○

八卦只有一卦通言穴中只收來龍一卦非坐之即
向之
乾坤艮巽躔何位乙辛丁癸落何宮甲庚丙壬來何
地皆就來龍出脉之一卦言出脉之一卦即正坐正

可券美篇文又自言後空之訣已見前
篇然恐後人悞認只取坐後無來脉便
云有氣不知穴後必須水抱成窩鉗之
形而後謂之到宮若但云空耳非坐水
之空空何貴也砂揖水朝羅城擁衞皆
就水神而論穴居正中指坐穴也此節
直說出王侯將相大地局法非泛論也
天機妙訣本不同八卦只有一卦通乾坤
艮巽躔何位乙辛丁癸落何宮甲庚丙壬

向之一卦星辰流轉要相逢謂入口與盡頭處必與
坐向之一卦相逢貼穴入口合元收山法也盡頭合
元出煞法也欲收山出煞必下八卦于二十四山起
九星于八卦然後能之

一卦通通宗宜玩凡正運二十年止于一卦而就一
卦通之則為三卦又通之對待則六卦美談淨陰淨
陽者始終惟四陰卦可通談雙山五行者始終八卦
皆可通故言只有一卦通使知八卦皆得為一卦而
由一卦以通八卦斷不出一卦之外也其意尤在于
默雙山先宗猶云陳語

就十二支分生旺墓以消水天罡為妙訣其于一卦
固茫然不省也乾坤艮巽是央爻當問其躔於零位
否乙辛丁癸是末爻當問其落于右宮否甲庚壬丙
是初爻當問其來于左地否水中八卦星辰動環
轉必與一卦相逢而後可今不知一卦而但謂其水
出官貴其水足庄田其水出神童其將據何卦為坐
向以消此水乎消水之說盖就其言而攻之

朱何地星辰流轉要相通莫把天罡稱妙

訣錯將八卦作先宗乾坤艮巽出官貴乙

辛丁癸田庄位甲庚壬丙最為榮下後兒

孫出神童未審何山消此水合得天心造

化工

蔣氏曰一部寶照經不下數千言皆半

含半吐至此忽然漏洩盖陰陽大卦不

過八卦之理而篇中乃云八卦不是真

妙訣者正為不得真傳不明用卦之法

家秘本

故也而其所以不明用卦之法者正因

泛言八卦而不知八卦之中止有一卦

可用故也大五行秘訣不過能用此一

卦即從此一卦流轉九星便知乾坤艮

巽諸卦落在何宮二十四干支落在何

宮而或吉或凶指掌瞭然矣俗師不得

此訣妄立五行有從四墓上起天罡以

為放水出煞之用如何合得八卦之理

夫收得山來乃出得煞去不知一卦作

用山既無從收一卦不收諸卦干支又

何從流轉九星求純棄駁而消水出煞

乎今人但知二十四山處ゝ可出官貴

處ゝ可旺庄田處ゝ可出神童而不知

二十四位水路交馳果下何卦收何山

乃消得此水出得煞去夫既不能收山

出煞則其談八卦論干支皆胡言妄說

而已何以契合天心而造化在手也天

心即天運非善氣合天之家不能遇也

藜照堂傳

大五行所謂一卦○即指天心○正運之一○

卦也○篇中露此二字○其間玄妙難以名

言○楊公雖指出天心一卦之端而其下

卦起星之訣究竟未嘗顯言則天機秘

密須待口傳不敢筆之於書也○

姜氏曰篇中八卦干支縱橫錯舉原非

實義細玩此節何位何宮何地等句○即

知經文皆屬活句非死句也○我師於前

篇註中切戒學者毋得執定方位○意在

城門一訣專指三义城門即穴體五星之命脉來情
之所舉會也收山出煞皆繫于此
穴體五星只取擬形象方圓尚非真術出脉是行龍
小幹之出脉城門是把穴小枝之入門城門一訣要
的真訣待如子午夘酉局上元必自艮至
坤下元必自坤至艮與龍身出脉無異故蔣註以為
一家骨肉血脉貫通而水發城門須要會之語也可
恍然矣
上節言行龍此節言入口遠近之序當如是也前云
留取教兒孫此云父子雖親不肯說可見不論親踈
慇要擇賢而與

・此爾凡讀楊公書者當知此意非獨寶

照而已天玉青囊無不皆然

五星一訣非真術城門一訣最為良識得

五星城門訣立宅安墳定吉昌堪笑庸愚

多慕此妄將卦例定陰陽不向龍身觀出

脉又從砂水斷災祥筠松寶照真秘訣父

子雖親不肯說若人得遇是前緣天下橫

行陸地仙

蔣氏曰前章既言一卦下穴收山出煞

家秘本

之義此章文直指城門一訣楊公山論

真可謂披肝露膽矣蓋五星之用其要

訣俱在城門識得城門而後五吉有用

於山作二宅無不興隆者矣城門一訣

與龍身出脉正是一家骨肉精神貫通

能識城門乃能觀出脉能觀出脉便能

識城門故笑世人不識此秘而妄談卦

例從砂水上亂說灾祥也此以下皆楊

公鏤精抉髓之言得此便是陸地神仙

山抱水朝○此世人所謂陰陽相得過廻全美者也殊
不知乾坤六子本自對待有何奇處蔣公為承其過
廻好而自為之言那些子即指上文城門一訣言城
門得法雖過廻皆偏於以能以主納賓不得法雖過
廻皆中氣心主賓輔主其意微矣陰不是陰陽不
是陽陰陽錯雜也陰可作陽陽可作陰陰陽反裝也
反覆深思乃知城門之緊要如山
常無欲以觀其妙謂正神常有欲以觀其竅謂零神
要之零神之竅○無多也惧將山龍来脈寧合平洋
理氣謂求龍於平洋實地之上
陽山陽水陰山陰水乃世俗之所謂陰陽陰不是陰
陽不是陽乃我之所謂陰陽

父子不傳夫亦師傳之禁戒如是豈敢
違哉○
世人只愛過廻好○不知水亂山顛倒時師
但云講八卦却把陰陽分兩下陰山只用
陽水朝陰水只用陽山收俗夫不識天機
妙自把山龍錯顛倒胡行亂作害世人福
未到時禍先到○
蔣氏曰道德不云乎常無欲以觀其妙○
常有欲以觀其竅此正丹家所謂玄關

一竅天道無多只爭那些子故曰不離

這個人身有此一竅天地亦有此一竅

地理家須識得此陰陽之竅今人只愛

週迴好而不知那些子合得天機

週迴不好亦好些子不合天機週迴雖

好皆無用矣陰山陽山陰水陽水皆現

成名色處些是死的惟有那些子是活

的此子一變陰不是陰陽不是陽陰可

作陽陽可作陰故曰識得陰陽顛倒顛

謂水為陽。謂山為陰。此是平洋坐山以其自然配合

而言也。不曰陰龍而曰陰山。以山代龍也。於陽水見

龍法於陰山見穴法。於陰山見收山之法。於陽水見

出煞之法蔣註奇妙

陰非陽不生陽非陰不成。眼前至理。而地理家却無

人識得楊公傾倒至山可謂吃緊為人矣。山謂結穴

之地。水謂結穴之水。水本陰而謂之陽。地本陽而謂

之陰一語已盡太極之妙

便是大羅仙世人不譜天機慎將山龍

來脉牽合平洋理氣執定板格陰陽反

成差錯乃真顛倒也本欲造福反以賈

禍楊公所為惻然於中而有是書也

陽若無陰定不成陰若無陽定不生陽水

陰山相配合兒孫天府早登名

蔣氏曰此節并下節尤為全經傾囊倒

篋之言而泛泛讀過則不覺其妙蓋舉

平洋龍法穴法收山出煞八卦干支之

理一以貫之矣孤陽不生獨陰不育此

雖通論而大五行秘訣只此便了學者

須從山水配合上着眼所謂配合自然

配合非尋一個陽以配陰尋一個陰以

配陽也水即是陽山即是陰陰即是山

陽即是水故只言陽水陰山而不更言

陰水陽山知此者可與讀寶照經矣知

此者亦不必更觀寶照經矣

都天大卦總陰陽玩水觀山有主張能知

山情水意即獨行焦行自此向彼自彼向此之謂然
非看到出脉處不能了然也
陽中有靜陰中有動自然配合日
知元運則知山情與水意矣

山情與水意配合方可論陰陽

蔣氏曰急接上文都天大卦豈有他哉

總不過陰陽而已真陰真陽只在山水

上看而玩水觀山須胸中別自有主張

此主張非泛泛主張乃乾坤真消息所

謂天心是也山情水意四字全經之竅

刼今人孰不曰山水有情意而不知世

人所謂情意非真情意也識此情意便

是陰陽便是配合青囊萬卷盡在個中

賓主。即對待之義。上篇所謂在東在西者也。賓主相
交便是山情水意。

於戲皇矣。

都天寶照無人得逢山踏路尋龍脉前頭

走到五里山遇著賓主相交接欲求富貴

頃時來記取篤松真妙訣

蔣氏曰上文說到山情水意都天大卦

之理盡矣此節又贊嘆而言此都天寶

照不輕傳世若有人能得以此觀山玩

水一到山情水意賓主相交之處用楊

公訣法扦之頃刻之間造化在手蓋一

明乎對待交媾之指。謂陽動陰靜也可。謂陽靜陰動也亦可。

片熱腸深望人之信從而發此嘆也

天有三奇地六儀天有九星地九宮地支

十二天干十干屬陽分支屬陰時師專論

得配合生生妙處尋

這般訣誤盡閻浮世上人陰陽動靜如明

蔣氏曰前節讚嘆已足篇終又引奇門

以比論者蓋奇門主地從洛書來與地

理大卦同出一原而時師用錯所以不

驗惟有大五行是奇門真訣欲知此訣

只〇在〇陰〇陽〇一〇動〇一〇静〇之〇間〇求〇其〇配〇合〇生

生〇之〇妙〇則〇在〇在〇有〇一〇陰〇陽〇非〇干〇是〇陽〇而

支〇是〇陰〇如〇此〇板〇格〇而〇已〇盖〇動〇静〇即〇是〇山

情〇水〇意〇即〇是〇城〇門〇一〇訣〇即〇是〇收〇山〇出〇煞

用〇一〇卦〇法〇所〇謂〇龍〇到〇頭〇者〇此〇也〇所〇謂〇龍

身〇出〇脉〇者〇此〇也〇所〇謂〇龍〇空〇氣〇不〇空〇者〇此

也〇是〇名〇真〇實〇生〇是〇名〇真〇夫〇婦〇是〇名〇真〇雄

雄篇中又提出此二字與上篇第三章

動静中間求一語首尾相應楊公之旨〇

得中氣為正用偏炁為變。

抑亦微之顯矣夫。

姜氏曰中篇一十三節共一百四十六句。皆申明上篇第三章以下未盡之義。以終平洋龍穴之變。

下篇

蔣氏曰上中二篇歷叙山龍平洋正變之旨自始至終有本有末文雖斷續而義則相蒙下篇所言不過前篇餘義而錯雜言之無有條貫每章各論一事文

水城屈曲抱身歸即上篇所謂直見大溪方住手所
謂穴見陽神三摺朝也曜處見奥語中

無承接義無照應淺者極淺深者極深

學者分別觀之可也

尋得真龍三虎飛水城屈曲抱身歸前朝

旗鼓馬相應下後離鄉著紫衣

蔣氏曰此節專指山龍而言真龍之穴

龍虎分飛非其病也真龍行急龍尻之

相隨亦急了則兩砂之末乘勢逆回有

似分飛昔人指為曜氣正真龍靈氣發

露之象也然情既向外則人事應之主

格龍坎攀元上

出嶅結　成玄字樣

丁　丙　年通

朝歸穴後歇

收得輔星成五吉　兌

朝歸穴後歇

乙字灣身玉帶長

明堂　寶廣　午向陰　震鏡兌下

到頭青為　輔星

砂下

乙字水纏在穴前謂由穴前至穴後也〇下砂收鎖指
穴後言穴在乙字兜內當中九曲來朝水即乙字之
來脉兩畔朝歸穴後歇謂丸左右水城繞出穴後為護
托此是向水攀龍格〇
平洋坐空向實就坐空而論穴後為上堂就向實而
論穴後為下砂〇

• 子孫他方發達謂之離鄉砂也〇

乙字水纏在穴前〇下砂收鎖穴天然當中

九曲來朝水悠揚潴蓄斗量錢兩畔朝歸

穴後歇〇定然龍在水中蟠〇若有聲為數錢

水催官上馬御堦前〇

蔣氏曰自此以下八節皆平洋水局形

體言凶之辨此節言曲水纏身之格歇

在穴後正前篇所謂後龍空坐正穴也〇

數錢水假借為義俗而巧〇

黎照堂傳

此即又承向水撥龍格而詳言之中陽即內明堂寬
抱明堂水聚囊言明堂寬廣可以承載向前之水使
無傾瀉也出峽結成玄字樣朝來為鳳舞呈祥言高
前曲水之妙外陽自外明堂以外起眼人皆見謂一
層水一層案○砂愈遠愈高乙字即接玄字彎身謂
向之即坐之若移在左右則房分有偏枯之患向既
由穴前繞出穴後玉帶長謂彎環不局惟玉帶長
所以明堂得寬廣也內陽自穴塲以後來朝曲水非

在曲水零神則坐必在正神正神有水便犯煞然何
以為後蔭乎惟入口八尺及盡頭八尺皆在零神方
為全吉所謂仙方也神机出處指入口而言入口此
畫頭尤重
古人喜向水故葬經有朱雀翔舞之語蓋即上元統
龍指示也鸞鳳之名本於朱雀而秀美通之
水直朝來最不祥一條直是一條鎗可見向前直水
決不可用所云華表必是短水整列於明堂之外貼
逼則犯插腸之病矣惟掌足小地郤以向前短直水
為照神

安墳最要者中陽寬抱明堂水聚囊出峽

結成玄字樣朝來鸞鳳舞呈祥外陽起眼

人皆見乙字彎身玉帶長更有內陽坐穴

法神機出處覓仙方

蔣氏曰此言堂氣形局之美至於內陽

坐穴法即前篇所謂來龍正坐及城門

一卦之訣也非神機仙術烏足以語此

水直朝來最不祥一條直是一條鎗兩條

名為插腸水三條云是三刑傷四水射來

時師以出口為去水而移之穴後且以出口之砂為
下砂謂水自此順去龍自此逆来其用直水多矣其
如禍来極速耶
水不怕風惟直水不免於漏風

前水来朝又擺頭曰来朝則非直射可知矣既已曲
折来朝又復斜去此先直出後擺頭者也與後文有

為四殺八水名為八殺殃直来反去拖刀
殺徒流客死少年亡時師只說下砂逆禍
来極速怎堪當壙圳路街如此樣亟宜遷
改免災殃
蔣氏曰此節極言直来凶格蓋水神最
忌木火以其有殺氣無元氣也縱屬来
朝亦有損無益況諸路交馳漏風冲洩
乎旺元猶可衰運無噍類矣
前水来朝又擺頭淫邪凶惡不知羞乾流

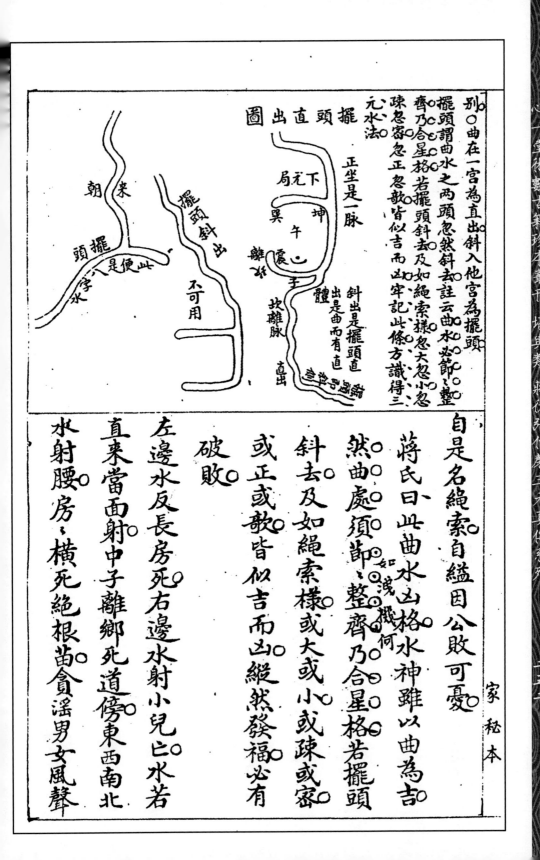

別○曲在一宮為直出斜入他宮為擺頭

擺頭謂曲水之兩頭忽然斜去註云曲水必節之整

齊乃合星格若擺頭斜去及如繩索樣忽大忽小忽

疎忽密忽正忽敧皆似吉而凶牢記此條方識得三

元水法

圖

擺頭直出

正坐是一脈

下坤局兌
午震巽
坎離離脉絲
直出

斜出是曲而有直
出是擺頭直
體

擺頭斜出　不可用

來　朝　擺頭　是便八字水

自是名繩索○自縊因公敗可憂

然曲處須節、整齊乃合星格若擺頭

蔣氏曰此曲水凶格水神雖以曲為吉

斜去及如繩索樣或大或小或疎或密

或正或敧皆似吉而凶○縱然發福必有

破敗○

左邊水反長房死右邊水射小兒亡○水若

直來當面射中子離鄉死道傍東西南北

水射腰房、橫死絕根苗貪淫男女風聲

家秘本

或大或小

或疏或密

或正或欹

射

反

一水裹頭縱不歪斜堂氣㸃嫌太小若面前另有一
枝水勁則堂局小轉為大美故曰逼窄之氣有呀發

惡曲背駝腰家寂寥。

左邊水反長房死離鄉忤逆皆由此右邊

水反小兒傷風吹婦人隨人走當面水反

中男當斷定二房有損傷左右中反房；

絕切忌墳塋遭此劫。

蔣氏曰以上數節雖義淺而辭鄙然其

應甚速以其切於用也故存之惟公位

之分不可盡拘耳。

一水裹頭名斷城下之雖發未為榮兒孫

洩反不為凶水到砂收反主興○言一有水到則砂收

局內不以窄小為嫌也

註曰平洋穴取近水三方皆可逼窄此但言穴左穴

右穴後以近水而逼窄也若因高阜而逼窄敗絶空

見矣高阜只宜在外堂之外提之平洋穴前屬龍宜

高穴後屬水宜低堂局有大小就一局之中前後左

右高低必相稱此則不論元運而其秘自存于洛書

之数中卻也○伏羲先天八卦太不外是○洛書之数

以多寡而得均与先天之卦以奇偶而得渾合

茶槽之水實堪憂可見靜水㫪忌硬直○

其形方㘰
其灘直前
是為茶槽水

久後房々絶○水到砂收反主興

蔣氏曰平洋穴取近水三方皆可逼窄

惟穴前明堂須寬容不逼方能展舒穴

氣若一水裹頭穴無餘氣雖環抱六不

發若面前另一枝水到則又以接水呈

秀其逼窄之氣有所發洩反不為凶耳

茶槽之水實堪憂莫作蔭龍一例求穴前

太逼割唇脚不見榮兮反見愁

蔣氏曰穴前池塘水聚天心名蔭龍水

擺頭直出是真龍此是先擺頭後直出者擺頭是一

龍直出又是一龍二分兩元須審其骨脉純雜長短

輕重與地局之偏左偏右而後擇其可着用之所謂

三訣也若其水稍大出脉有力尤宜致慎

直水必有煞氣橫水又不擔力惟直中帶橫則力大

而不至帶煞此坐向曲水之所以妙也橫可以解直

之煞然小所以收大之散然至理可思

收砂到水 裹頭

如此裹頭雖 向前有水到 穴不能救

本為吉局若硬直深坑形似茶槽既非

佳格或明堂寬曠猶未見凶更加急莽

穴氣太偏則有凶無吉矣同一穴前池

水形局軟硬立穴緩急其應不同不可

不深辨也

玄武擺頭有多般未可惽然執一端或斜

或側或正出須憑直節對堂安擺頭直出

是分龍須取何家龍脉踪大山出脉分三

訣未許專將一路窮

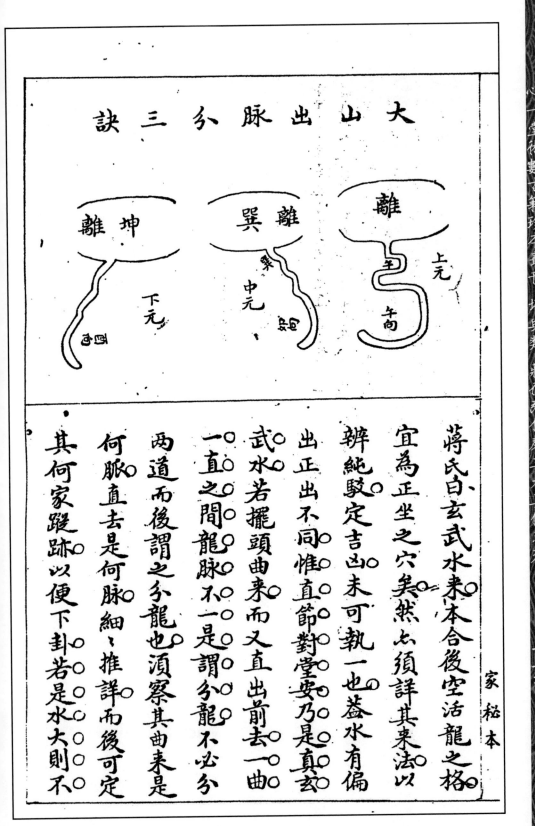

大
山
出
脉
分
訣
三

上元
離
子
午向

中元
離
巽
絲

下元
離
坤
卯酉

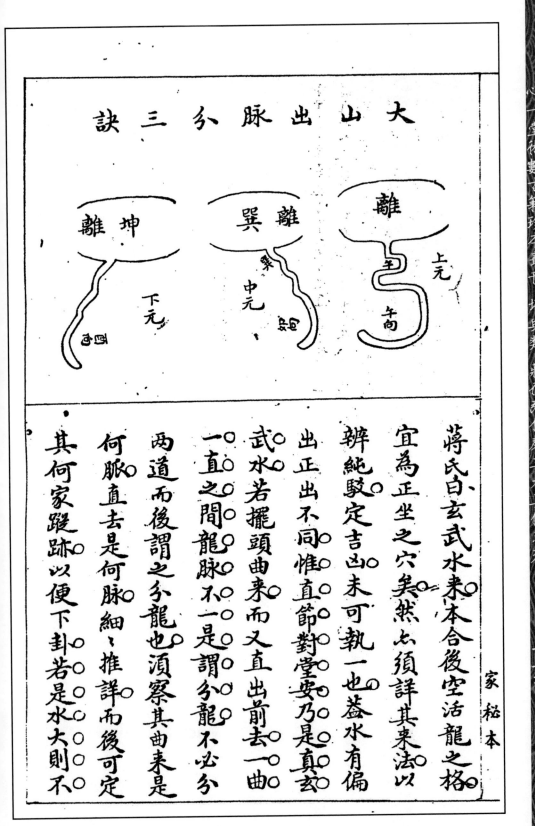

蔣氏曰玄武水来本合後空活龍之格
宜為正坐之穴矣然也須詳其来法以
辨純駁定吉凶未可執一也蓋水有偏
出正出不同惟直節對堂要乃是真玄
武水若擺頭曲来而又直出前去一曲
一直之間龍脉不一是謂分龍不必分
兩道而後謂之分龍也湏察其曲来是
何脉直去是何脉細細推詳而後可定
其何家蹤跡以便下卦若是水大則不

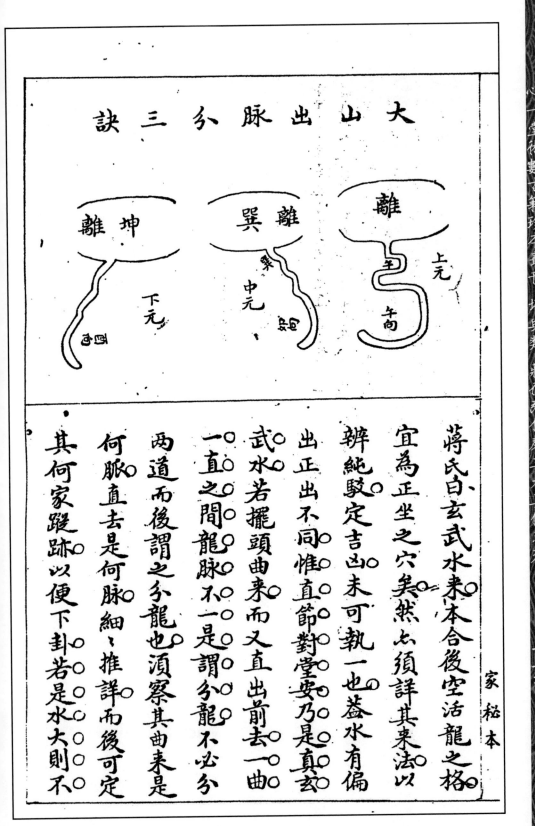

心一堂術數古籍珍本叢刊　堪輿類　蔣徒張仲馨三元真傳系列

二五六

家秘本

此是偏右之脉巽離相照中元可用

此是偏左之脉坤離相照上下元俱不可用

丙向

丁向

家之坟宅後高懸太陽不照太陰偏言太陽不能照
水則水非交媾之水而穴中陰然偏勝也註云世有
挑築兩三重靠山以至敗絶者愚謂遠水安坟并太
陰杰不能至安得不敗絶也
太陰偏謂陰氣獨重也太極由内生外故水穴以後
低前高為順山穴以後高前低為順太陽自上及下
故水龍受壓太陽不能入之山龍失陷太陽不能振
之

止一宫之氣正坐是一脉偏左又是一
脉偏右又是一脉故云分三訣也論坐
後之脉精詳曲當搜剔無遺乃至於此
可謂明察秋毫者耶
家家墳宅後高懸太陽不照大陰偏必主
其家多寂寞男孤女寡實堪憐
蔣氏曰此即後空之義因世人多喜後
高故復丁寧如此人但知後高為有坐
托不知其掩蔽陽光而偏照陰氣生機
之

黎照堂傳

斬絕人口伶仃○故有孤寡之應也○可不

戒與予觀人家穴後有挑築兩三重照

山以補後托未有不大損人丁甚至敗

絕無後者利害攸關特為指出此節專

言平洋格法若是山龍之穴又以後高

為太陽正照而吉後空為太陽失陷而

凶○讀者莫錯會也

姜氏曰以上九節首節言山龍後八節

言平洋皆形局也

形局九星〇以水土金三星為貪巨武三吉見寶照

上篇註中〇今并及輔弼輔弼與巨門類也登山猶云

登穴大抵星體之純靜者即為貪巨武弼其偏駁者

即為破祿廉文〇山龍薰用廉而無貪可用故註以此

二節為專指平洋之句誤

山龍貪狼最吉簽山以木星為貪狼〇汪氏

言貪可用之句誤

貪武輔弼巨門龍方可登山細認踪〇水去

山朝皆有地〇不離五吉在其中

蔣氏曰〇此節及下文九星皆指形局而

言簽見其星體合吉方登山而定其方

位〇若形局方位皆吉〇即水去点吉令人

動云第一莫下去水地謬矣〇

破祿廉文凶惡龍世人墳宅莫相逢若然

誤作陰陽宅縱有奇峯到底凶〇

蔣氏曰〇此二節專言平洋九星砂水法〇

山龍有納甲本卦向法。平洋以本卦納甲干支位、
作返吟伏吟皆俗説也。故以三星輕立吉。運元正之辨
局。視三星乘照憑五吉
倒騎龍為是正説。納甲則邪説矣。龍體即星體消詳
龍體卦爻之中。合來照局爻。以定向爻不犯本宮即
犯本宮。六何慮哉。轉禍為祥。所以駁納甲之謬也。

本山來龍立本向。返吟伏吟禍難當自縊
離鄉蛇虎害。作賊充軍上法場。明得三星
五吉向。轉禍為祥大吉昌。
蔣氏曰。本山本向非子龍子向丑龍丑
向倒騎龍之謂也。蓋指八卦納甲而言。
山龍有納甲本卦向法。皆淨陰淨陽其
在平洋向法反不拘淨陰淨陽而以本
卦納甲干支位、作返吟伏吟凶不可
當。三星與五吉不同。三星言龍體五吉

穴内之氣自腦入為順逆則顛倒故龍穴皆真而立
向顛倒非所以迎神引氣也
羣為奔走赴朝廷以龍真穴正之故緫到朝廷帝怒
形以誤立向之故近聞徽郡皆向山而葬雖似平洋
攀龍然高低易位與太極不合其驗在根本空處一
起即蹶

言卦之氣消詳龍體卦氣之中即有天然
向法可不犯本宮而災變為祥也
龍真穴正惧立向陰陽差錯悔吝生幾為
奔走赴朝廷緫到朝廷帝怒形緣師不曉
龍何向墳頭下了剥官星
蔣氏曰此言龍穴雖真而惧立本宮之
向陰陽不和至於剥官也盖地理雖以
龍穴為重發與不發專由龍穴而立向
坐宮之穴中迎神引氣之主宰此處不

尋龍過氣尋三節〇龍指山水言過氣猶云過峽三節
謂來龍之三節〇三節陰陽不雜方為大地即此并
可知內外明堂與砂案之皆當合法美父母宗枝即
父母子息孟謂初交仲謂中爻孟山須要孟山連仲
山須要仲山接皆指龍骨而言孟山已帶差錯且勿
論山〇但就孟山仲山相連接之中一或擺頭斜出便為

清潔如玉之瑕不成美器美致廣大而
盡精微又何可不詳審也耶此所謂向〇
非以山向五行起長生為消納也点非
小玄空生出尅出生入尅入之說學者
慎之〇
姜氏曰以上四節皆言平洋理氣之用〇
尋龍過氣尋三節父母宗枝要分別孟山
須要孟山連仲山須要仲山接干奇支耦
細推詳節〇照定何脉良若是陽差與陰

太差錯雖在穴上看來揔在九星吉位点發而不長

一節吉龍二語正言其發不長也

前云三節四節不須拘此又云尋龍過峽尋三節蓋
各有所主也而意在於龍之生旺則同

此直水必兩字對待橫水出鳥則兩字似乎兩水而
橫水居其中故如卯酉相交則夾一子午龍美如乾
巽相交則夾一艮坤龍美如龍脈如是到穴点如是于
龍言行言止蓋羨之也而到穴一龍猶為命脈劉郎
即夫既曰夫婦同行又曰劉郎別處語極可羨而其
秘指自確本可易謂干支為夫婦也可謂陰陽為夫

錯縱吉星辰發不長一節吉龍一代發如

蔣氏曰此等卦理中上二篇論之已詳

逢雜亂便參商

反覆丁寧致其深切之意又指明發福

世代久暫之應全在龍脈節數長短故

父母宗枝要分別也

先識龍脈認祖宗蜂腰鶴膝是真蹤要知

吉地行龍止兩水相交夾一龍夫婦同行

脈路明須認劉郎便處尋平洋大水収小

黎照堂傳

婦也可据之夫婦同行便是来脉清正然猶非命根

所在故曰須認劉郎別處尋劉郎指小水必小水能

故大水方成吉穴乃知脉路同行○是問名納来之

夫婦惟小水為同衾共枕之夫婦此中有真劉郎也

坐卦之水不可淺漏離騎龍即騎夫婦同行之脉而

入口非酉水即艮水同○酉脉而其曲入有坤艮乾

小水入口却於別處尋之如上元午水夫婦同行則

巽甲庚乙辛之殊甲庚乙辛○○則合坤艮乾巽則不合

同○一艮脉而其曲入有坎離震兌丑未寅申之殊丑

未寅申則○合坎離震兌○則不合註云○○

一宮深得尋劉郎之法美大水與小水一家骨肉血

脉相連但須穴後空以蓄之為用水口砂以鎖之

此乃平洋之異於山法處

水○不用砂關發福○○水口石似人物形定

出擎天調鼎臣○

蔣民曰此節薰論山龍平洋言山龍真

脉○則只取蜂腰鶴膝為過峽而平洋則不

然○只取兩水相交為来龍行脉不在過

峽上看脉也○但須脉上推求識干支純

雜夫婦配合之理如此宮不合又當別

求一宮不可牽強誤下故云劉郎別處

尋且山龍取砂為關而平洋不用砂關○

只要大水行龍收入小水結穴有此小
水引動龍神千流萬派其精液皆注歸
小水以陰穴氣此平洋下穴秘旨一語
道破混沌之竅鑿矣觀此則知所謂兩
水相交非謂左右兩水會穴前而龍從
中出謂之行龍也正謂大水與小水相
交之處乃眞龍之行真穴之止也既有
此小水收盡源頭又何用砂水之爲我
用與否豈砂之攔阻能强之者耶人且

以橫為直便是直來闕即門也不帶闕謂旁無漏洩。

不可強而況於水若水口捍門此山龍

大地雄峙一方之勢益將山比擬楊公一

秘慎之旨互文隱意雖若竝陳大旨偏

重平洋而以山龍相映發以辨其不同

途爾貴學者言外會心若不知剖析而

視為合一之說將雜亂而無緒

龍若直來不帶闕支魚干出是福山立得

吉向無差慎催福催官指日間

蔣氏曰此点上中二篇所已詳益以四

乾坤艮巽脉過四山是開小水之法言甲庚壬丙曲
水結穴之地又當掘地成四而引乾坤艮巽之脉以
過之也曰節〻同行可見小水亦當曲折曰不混淆
可見小水之骨尤當專一惟曲水之骨屬甲庚壬丙
故宜向不宜坐外之甲庚壬丙雖為雜而內有乾
坤艮巽真氣以主持之其發福可必也仲山以下言
曲水非甲庚壬丙竟是子午卯酉則不必另開小水
而己可斷其大發矣若要開小水以〻父母為貴前
註云此子合得天机週圍不好〻好此子不合天机
週圍雖好〻無用矣殆從此節泰出來

正為例而其餘自在言外非位位取地
支也

乾坤艮巽脉過四節節同行不混淆向對
甲庚壬丙水兒孫列土更分茅仲山過脉
不帶關三節山水同到前斷定三代出官
貴古人準驗無虛言

蔣氏曰此則單言四隅龍格反取干神
並不言及辰戌丑未則其非專重地支
可知矣脉是內氣而向對之水是外氣

發龍多向支神取謂四正卦也若是干神則必有以
制化之非如支神之即可取矣即壬子癸三字而真
夫婦假夫婦皆在其中然假夫婦只不可盡棄但制
化有方不得為天然之穴耳乾坤艮巽雖處四隅然
亦有天然之穴苟水來當面的是乾巽水良坤水便
是真龍而迎神引氣盡屬天然矣蔣註以干水為維以
天然為卦名天然稍覺勉强格龍之法從出脉起不
但要兩三節不差錯而此云只在兩三節者蓋来脉
短淺則不必拘来脉隔遠則不必拘既有坐水則照
神之来脉只不必拘其中自有定法非還就之說也

兩不相妨也楊公辨龍審卦之妙口口
說重地支而本旨實非重地支世人被
他瞞過多矣豈知一隻眼逗遍於此節
學者慎毋忽哉。

發龍多向支神取若是干神又不同支若
載干為夫婦干若帶支是鬼龍子癸為吉。
壬子凶三字真假在其中乾坤艮巽天然
穴水來當面是真龍要識真龍結真穴只
在龍脉兩三節。三節不亂是真龍有穴定

然奇妙絕千金難買此玄文福緣遇者無

輕泄依圖立向不差分榮華富貴無休歇

時師不明勉强扦雖發不久即敗絕

蔣氏曰、發龍多取支神此乃用支之卦

也干神不曰無取而乃曰若是干神又

不同、有用干之時而特與用支者

不同爾干帶支為鬼龍只就壬子癸一

宮為例其真其假三字之中逈然差別

何以乾坤艮巽獨名天然穴蓋直以乾

坤艮巽為龍不更轉尋名相故曰天然

若他龍則干支卦位非一名美水來當

面是真龍此語石破天驚鬼當夜哭蓋

乾坤艮巽之穴又與取支惡干者不同

觀此則寶照之訣實非單重支神洞然

明白美至於格龍之法止要兩三節不

差錯則卦氣已全不必更多求於四五

節之外恐人拘泥太過遇著好龍當面

錯過所以發此非楊公遷就之說也但

曲折是水星故曰一個星辰一節龍孟仲季山謂三
爻皆全也

此兩三節定要清純若到頭節數畧有
勉強不能無憾又戒作者須其難其慎
也
一個星辰一節龍龍來長短定枯榮孟仲
季山無雜亂數產人龍上九重節數多時
富貴久一代風光一節龍
蔣氏曰此亦論平洋龍神節數以定世
代遠近之應總在行度之純雜上斷也
姜氏曰以上六節皆言平洋大五行之

法。蓋中上二篇所已明。而反覆互見者
也。

都天寶照經終

上元攀坎龍格

出峽結　成玄字橫

朝歸穴後歇

收得輔星成五言

丙午丁　砂高高文

震兌　兌後　明堂

寬廣午向陰　砂左右

乙字灣身玉帶長

到頭轉爲　輔星

艮頭盡

世俗言三合者午向則艮寅爲生方不可流破如上
圖午水曲折而來兗方出口必以爲言穴可扦殊不
知有流水而無止水氣終不聚欲鑿一止水必從寅
艮入而後堂局無偏斜之患且三合之法只有精爲
者矣其精者謂午水右旋爲陰火龍則寅艮爲死方
非生方也豈以流破爲患乎由此而推三合五行皆
由於誤認楊公而盆熾也楊公之法只有攀龍一格
二格皆從兗方收入小口午水右旋攀龍一格
從艮方收入小水子水左旋攀騎二格皆從震方收

惟水縱高砂或止水不得不後本宮出入
故不得已而立攀龍格以穴前宜高穴後
宜低本宮宜關不宜漏也楊曾命穴爲太
極而以棺之前半屬龍之陽棺之後半屬
水之陰陽則宜高陰則宜低由一穴之交
媾而得全局之交媾此太極之小無內大
無外也攀龍一格陰反在前陽反在後似
不宜更執前高後低之常法然蔣公嘗云
葬山者不向山葬水者不向水由此而推

汪氏地理辨正發微 附 地理辨正真本

二七三

藜照堂傳

入小水子水右旋只有攀龍一格從坤方收入小水
以此例卯水酉水之左旋右旋無不如是世俗不知
其故憑臆猜度疑其秘旨在於衰病死墓方消水於
是長生沐浴之訣牢不可破点可哀奚天圓地方圓
者徑一而圍三方者徑一而圍四三合只屬天圓地
屬地局揚公當日並未嘗以天文之三合顛倒地局
之四正也歸厚錄云精蕴從天胎息從地或改胎息
為消納圓己夢之且其所以消納者只用三合五行
其亦思三合之法㬥可謂之徒地杏耶

上元

三义

城門

騎龍

可見平洋之向水攀龍即山地之回龍顧
祖向水仍歸坐水攀龍不異騎龍其交媾
亦在後水歸厚錄以為攀龍湧泉特假托
之辭耳一騎一攀專主數折水而言要之
騎龍必前有抱水攀龍必後有抱水苟無
抱水安得謂蒸鍾之穴乎且有抱尚未得
為蒸鍾也通行曲水有胎無息亦不成穴
故必於穴後鑿一止水騎龍之止水其入
口與盡頭處必與所坐之曲水同元同宮

攀龍

折五四水離前穴

水既以尅為生
向即以裹為旺
午
此水子斤
寅止
酉卯水出

丙丙丙
丙
丙
卯
巳

向前是午水則西邊小口定然是酉水龍骨既真穴
可薰合於歸厚錄環轉之義若面前是丙水則環轉
之義不可拘

面前是丙水則西邊小口必稍、帶北而後為卯酉
水此則龍骨真而不合於環轉之義要之接之以形
自不若化之以氣也若龍骨不真則無以制向前之
雜焉而化坐後之煞水

攀龍之止水其入口與盡頭處必與所向
之曲水同元惟同元而後坐陽者轉而坐
陰所謂神機出處覓仙方也但攀龍穴然

稍弱故局外更得後蔭為貴

凡人成胎於母腹必有一道脉息相通之

虜氣血不固或病漏胎歸厚錄言胎言息

言漏蓋取義於此也大水灣抱處是胎以

小水收大水是息別有小水他去是漏

蔡照堂傳

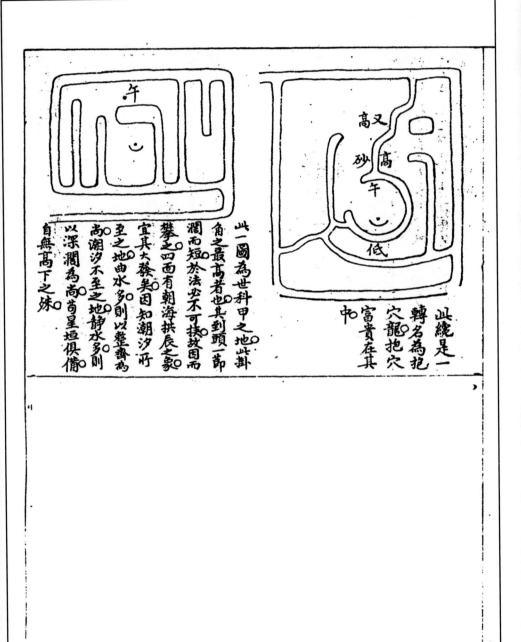

此一圖為世科甲之地此卦
角之最高者也其到頭一節
潤而短於法必不可捉故因而
擘之四面有朝海拱辰之象
宜其大發美因知潮汐盯
至之地曲水多則以整齊為
尚潮汐不至之地靜水多則
以深潤為尚苟星垣俱備
自無高下之殊

此纏是一
轉名為抱
穴龍抱穴
富貴在其
中

附辨脉圖

大曲水

庚　　酉　　辛

庚醉
骨是卯為酉
子酉　　　　尖尖

庚酉辛　　　庚醉

辟

庚醉

庚

酉　　庚醉

庚　　酉

此處左旋在上元只用攀龍格開
辛艮坤小口引水抱穴至中元方可
作騎龍格開乾巽小口引水抱穴

此處右旋在上元攀騎俱可皆
開坎離小口引水抱穴在中元
只作攀龍格開乾巽小口引水
抱穴

黎照堂傳

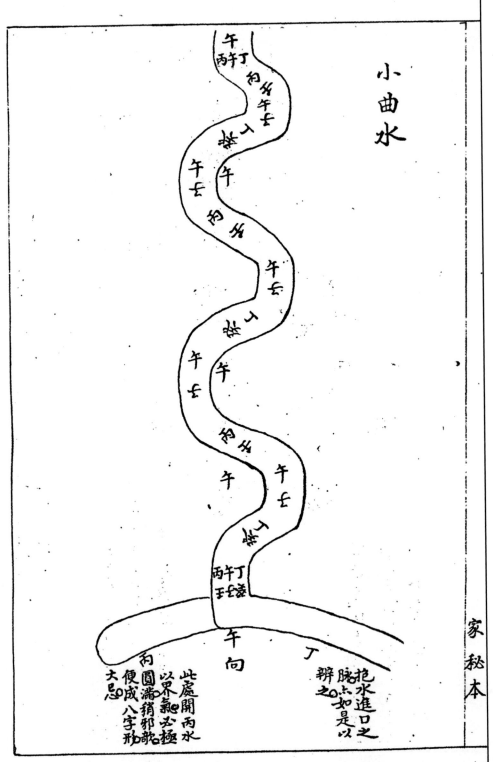

小曲水

此處開丙水
以界氣必極
圓滿銷邪歌
便成八字形
大忌

丙
大忌

抱水進口之
脈六如是以
辨之

丁

午向

小曲水

丙

兩午壬

癸丙壬

脊脈

丙壬

丙壬

脊脈

丙壬

癸丙壬

脊脈

丙壬

丙壬

脊脈

丙壬

丙壬巳癸丙壬

巳　丙　午

午位當閒水界氣。

曲水從子息出脈固是雜氣然中重於旁旺多於煞。
以立向制化之亦可發福。

藜照堂傳

三註辨正畢其奧竅則楊公八法畫之先看星體次尋龍脉格○

清骨子便有宜向宜坐之別次看穴塲商議作法再看傳遞功○

曹高低之勢以別向坐然後點穴定向而太極分明又從太極

看去必使小水灣環左右有情又與前後之大水相照而城門

正氣亦不至或雜如是則知心忖道自然旺重然輕合同而化○

矣再得去水回顧尤為全美○

楊公所言始終惟騎龍挾龍攀龍三格其於掌足之形惟直山○

直水去無翻二語偶然附見然太極大無外小無内掌足與首○

腹力量雖殊而理氣則一天元歌云掛角并無三法定是也掛○

角之義於懸珠肘亭見之掛即懸角與肘類大抵掌指不齊掌

心圓抱肘足止於一曲角則不止一岐四者皆龍之變態也以

護托之多寡親疎分別高下其作法不過騎之挾之攀之而已

楊公之書非蔣公不能註反覆玩味語語含蓄亦語々吐露至

易至簡純粹以精世有疑辨正一書未盡善者彼自蟋蟀小蟲

作○一百○八十日○大夢耳○

或云掛角指金鈎掛月而言○鈎短以攀龍蕉騎龍鈎長以攀

龍蕉挾龍故曰掛角并兼三法定愚謂攀騎三大格之外小

局甚多○獨舉金鈎掛月於理不通豈復成蔣公手筆乎○

此書未曾說得大三元今特補之

三十年為一世十二世為一運三十運為一元

三元元運各輪六十年乃元之至小者也此元運亦當以干支

紀之開闢第一上元六十年為甲子是為二世第一中元為乙

丑第一下元為丙寅至第二下元己巳共十二世是為一運至

第四下元乙亥為兩運至第二十下元癸亥為十運是為大上

元又十運為大中元又十運為大下元共三十運一百八十元

是為子會自子至丑共十二會每會中一個大三元今為午會

之第十二運乃午會之大中元也除去大上元十運又從第一

上元起甲子○今乾隆九年是第三甲元辛未也○

元而謂之三○從其數也數本於洛書九宮然而九宮之數先後

天之理氣存焉是故堂局一九宮也星體一九宮也穴法一九

宮也其氣其理有如是也○今人不知理氣而但取其數以輪元

運○不獨堂局星體穴法概乎未聞且有生旺倒裝之病以是遭

呵斥又何怪乎今當正其名曰先後天三元以別於世之舉一

而廢百者○

九星之說不同。八宮起例互起貪狼與陽宅天醫福德同一訣。

此減蠻經之說蔣公所不取者也蔣公所用惟形局與方位之

九星而已形局九星以水之整齊者為貪狼木蓋水星必曲折。

曲而有直體方能整齊以其直體故謂之貪狼也以土星金星

之完滿者為巨門土武曲金以水星土星金星之破碎者為文

曲水祿存土破軍金以土星之狹長者為左輔土以火星之帶

圓者為右弼金文祿破固皆凶惡即輔弼亦熏然氣不可用因

金井必方而狹氣從穴外入穴中必圓而尖故借左輔右弼兩

星名為入穴收氣之用以與貪巨武合成五吉非謂山水形局

或輔或弼皆可取也方位九星蓋本其義而分配之坎為水水
以曲而直者為貴故以貪狼配焉坤艮皆為土土主方而老母
得其全少男得其半故以巨門左輔配焉震巽皆為木木主直
徒直不可用直而有轉則類方矣直而能活則稍曲矣震以長
男居正故以祿存配焉巽以長女居隅故以文曲配焉中黃居
中無所專屬而為生氣兩聚故以廉貞配焉乾兌皆金金主圓
而老陽得其全少陰得其半故以武曲破軍破軍配焉離為火
火尖不可用而尖與圓皆圓三故以右弼金配焉以九星配九
宮不准方位之五行而反取義於形局之五行者此乃形家秘

旨隱寓審擇裁成趨吉避凶化凶為吉之妙用而論者不察猶

疑祿文廉破為惡曜真可笑之極矣

氣受於天質成於地質雖有定而氣實相通故五行之質有生

尅五行之氣無生尅

試思納甲與地理何涉○天文三合與地理何涉○天文三合尚無

生旺墓之義何故又添出沐臨衰病之名○

四大水口蓋舉四隅而言○以為四正例也合四正四隅共四十

八局而水口獨不多故先賢舉四隅以示例言○四隅二十四向○

不過四水口得此水口而二十四○局之向水皆合失此水口而

此水口而

二十四局之向水皆非也。分明漏洩天機。而瞶瞶者反重其妖

崇哀哉。

談左旋右旋者。自以為得陰陽交媾之妙。試一思之。其交媾在

生旺乎。抑在墓庫乎。如謂交媾在於生旺者。必坐病向

旺者必坐胎病生不敵胎旺非倫吾未見其能交媾也。不然則

龍之生。水之旺。之生龍之旺。自相交媾於向上而穴特為之

媒也。至謂交媾於墓庫則去穴益遠矣。可為一哂。

房分之說蔣公未嘗闢之特不欲明言以啟世俗之爭端耳。房

分本於八卦之定位而穴場自為太極又自有定位。此蔣公所

謂變通之機乎。

辨正發微終

平砂玉尺辨偽

華亭中陽子蔣平階大鴻氏著

會稽門人姜垚汝皋氏訂

辨偽總論

地理多偽書平砂玉尺者偽之尤者也或曰是書也以世目視
之儼然經也子獨辨其偽何居曰惟世皆以為經也余用是不
能無辨今之術家守之為金科玉律如蕭何之定漢法苟出乎
此不得為地理之正道術士非此不克行主家非此不敢信父
以教其子師以傳其弟果能識此即可以自號於人曰堪輿家

家秘本

延之上坐。操人身家禍福之柄而不讓拜人酒食金帛之賜而
無慚是以當世江湖之客寶此書為衣食之利器譬農之耒耜
工之斧斤其於謀生之策可操券而得也有朝開卷而成誦暮
挾南車以行術者矣豈知其足以禍世如是之酷哉知其禍世
而不辨余其無人心者哉或曰是書之來也遠矣子又安知其
為偽也乃從而辨之曰我亦辨之以理而已矣或曰此亦一理
也彼亦一理也安知子之理是而彼之理非歟曰余邀惠於先
之賢哲而授余以黃石青烏揚公幕講之秘要竊自謂於地理
之道得之真而見之確矣故於古今以來所謂地理之書無所

不畢覽凡書之合於褉要者為真不合秘要者為偽而此書不

合之尤者也既得先賢之秘要又嘗近自三吳兩浙遠之齊魯

豫章八閩之墟縱觀近代名家墓宅以及先世帝王聖賢陵墓

古蹟考其離合正其是非凡理之取驗者為真無所取驗者為

偽而此書不驗之尤者也故敢斷其偽也蓋以黃石青烏楊公

幕講斷之以名家墓宅先世古蹟斷之非余敢以私見臆斷之

也或曰然則秉忠之謬伯溫之註非與曰此其所以為偽也夫

地理者裁成天地之道輔相天地之宜以經邦定國禍福斯民

者也三代以上明君哲相無不知之世道下衰其說隱秘而寄

藜照堂傳

之乎山澤之癡逃名避世之士智者得之嘗以輔翼興王扶持

景運而其說之至者不敢顯然以告世也文成公之事太祖

其最著者矣及其沒也盡舉生平所用天文地理數學之書進

之內府並無片言隻字存於家而教其子孫況肯著書立說以

傳當世耶故凡世本之稱青田者皆偽也均之佐命之英知青

田則知秉忠矣或曰何是書之文辭井井乎若有可觀者也曰

其辭近是其理則非蓋亦世之通人而不知地理者以意為之

而傳會其說託之乎二公者也余特指其謬而一一辨之將以

救○天○下○之○溺○於○其○說○者○

辨順水行龍

山龍之脉與平壤龍脉皆因水以驗其脉之動靜而皆不即水以限其脉之去來令先言山龍夫山剛質也水柔質也山之孔竅而水出焉故兩山之間必有一水山窪下之處即水流行之道水隨山而行非山隨水而行也山之高者脉所從起山之卑者脉所從止山自高而卑故水亦從之自高而卑此一定之理也往往大溪大澗之傍小幹龍所憩焉大江大河之側大幹龍所休焉蓋來山之衆支聚乎此故來水之衆派亦聚乎此也據水之順逆論脉之行止但可就其大概而言爾若必謂水於

此界脉即於此斷。水向左流。脉必不向右行。則不可也。夫龍脉
之起伏轉摺千變而不窮。有從小江小湖崩洪而過者矣。有從
大江大河越數十百里不知其蹤跡倪而過者矣。有收本身
元辰小水逆行數里而結者矣。有向大幹水逆奔數百里而結
者矣。龍之眞者水愈斷而其過脉愈奇勢愈逆而其骨力愈壯。
豈一水之橫流可過之使斷韋之使前乎今玉尺云順水直衝
而逆回結穴方知體段之眞若逆水直衝而合襟在後斷是虛
花之地衆水趨歸東北而坤申之氣施生羣流來向震辰而乾
亥之龍毓秀甲卯成胎不食酉辛之氣午丁生息豈乘坎癸之

靈據此而言。是天下必無逆水之龍也。豈其然哉。或曰子所言

者。山龍也。玉尺所言平壤也。故其言曰乾源曠野鋪氊細認交

襟。極隴平坡月角。詳者住結。山龍有脉可據。故有逆水之穴乎

壞。無脉可尋。止就流神之去来認氣之行止。豈與山之過脉起

伏同年而語乎。子生平專分山水二龍。以正告天下。何又執此

論也。解之曰。平壤固純以流神辨氣與山之脉峽不同。至以水

之去來為氣之行止。則我以為酉辛水到。則甲卯之胎。

愈真。坎癸流来。則午丁之靈蓋顯。坤申生氣泉水必無東北之

趨。乾亥成龍。群流必無巽辰之向。由此而言。玉尺不但於山龍

藜照堂傳

特行特結之妙茫然未知且於平壤雌雄交媾之機大相背謬○

至其統論三大榦龍而以為北榦乃崑崙之丑艮出脉而龍皆

坤申南榦乃崑崙之辰巽出脉而龍皆乾亥中條乃崑崙之寅

甲卯乙出脉而龍皆庚酉辛註者遂實其辭曰北榦無離巽艮

震穴中榦無震巽艮穴建康止有南離臨安止有坤兌八閩止

有坤申固哉王尺之言龍也夫舉天下之大勢大抵自兌之震○

自乾之巽自坤之艮者地勢之從高而下然也至於龍之剥換

傳變豈拘一方○真脉性喜逆行天地每多朝祖若執此書順水

直衝之說遇上格大地反以為不合理氣而棄之而專取傾瀉

家秘本

奔流蕩然無氣之地誤認為真結而葬之其貽害於人烏有限

量○余故不得已而丁寧反覆以辨之也

辨貴陰賤陽

易曰立天之道曰陰與陽○惟此二氣體無不具用無不包是二○

者○不可偏廢故曰獨陽不生獨陰不長是二○者未嘗相離故曰

陽根於陰陰根於陽舍陽而言陰者非陰也○舍陰而言陽者非

陽也○聖人作易必扶陽抑陰者何也曰道一○而已故曰乾分而

為二而名之曰坤以兩儀之對待者言曰陰陽以一元之渾然

者言惟陽而已言陽而陰在其中矣而就人事言○則陽為君子

汪氏地理辨正發微 附地理辨正真本

黎照堂傳

陰為小人內君子外小人為泰內小人外君子為否由此言之

陽與陰不可分也苟其分之則貴陽賤陰如聖人之作易可也

若貴陰賤陽是背乎聖人作易之旨而亂天地之正道也王尺

乃以艮巽震兌四卦為陰之旺相而貴之以乾坤坎離四卦為

陽之孤虛而賤之即以納甲八干十二支丙納於艮辛納於巽

庚納於震而亥卯未從之丁納於兌而巳酉丑從之十者皆謂

之陰而貴以甲納乾以乙納坤以癸納坎而申子辰從之以壬

納離而寅午戌從之十者皆謂之陽而賤於是當世之言地理

者不論地之真偽若何凡見陰龍陰水陰向則概謂之吉而見

陽龍陽水陽向則槩謂之凶此乖謬之甚者也夫吉凶之理莫
著於易易六十四卦各有其吉各有其凶八卦六十四卦之父
也豈有四卦純吉四卦純凶之理八卦十二干支亦然吾謂論
地止論其是地非地不當論其屬何卦體屬何干支若果龍真
穴的水神環抱坐向得宜雖陽亦吉也若龍非真來穴非真結
砂飛水背坐向偏斜雖陰亦凶也又拘所謂三吉六秀而以為
出於天星考之天官家言紫微垣在中國之壬亥方而太微垣
在丙午方天市垣在寅艮方且周天二十八宿分布十二宮皆
能為福皆能為災地之二十四干支上應列宿亦猶是也何以

在此為吉在彼為凶此與天星之理全乎不合至謂乾坤為老

亢辰戌為魁罡丑未為暗金殺種、悖理夫乾坤為諸卦之父

母六子皆其所產何得為凶老嫩之辨在於龍龍之出身嫩即

乾坤亦嫩也龍之出身老巽辛兌丁亦老也斗之戴匡為魁斗

柄所指為天罡此樞幹四時斟酌元氣造化之大柄也理數家

以為天罡所指眾煞潛形何吉如之而反以為凶耶五行皆天

地之經緯何獨忌四金且庚酉辛金之最堅剛者也既不害其

為吉而獨忌四隅之暗金甚無謂矣諸如此類管郭楊賴從無

明文不知妄作流毒天下始作俑者其無後乎我不禁臨文而

三嘆也。

辨龍五行所屬

盈天地間止有八卦先天之位曰乾坤定位山澤通氣雷風相
薄水火不相射八卦總之陰陽而已山陽澤陰雷陽風陰火陽
水陰皆兩儀對待之象對待之中化機出焉所謂玄牝之門是
為天地根一陰一陽之謂道八卦者天地之體五行者天地之
用當其為體之時未可以用言也故坎雖為水此先天之水不
可以有形之水言也離雖為火此先天之火不可以有形之火
言也故艮為山而不可以土言也兑為澤而不可以金言也震

巽為風雷。而不可以木言也。故以八卦屬五行而論龍之所屬

者皆非也。若論後天方位八卦而以坎位北而為水以離位南

而為火以震位東而為木以兌位西而為金似矣。四隅皆土也。

又何以巽木乾金不隨四季而隨春秋耶此八卦五行之一謬

也及論二十四龍則又造為三合之說復傅會之以雙山更屬

支離牽強而全無憑據夫既以東西南北為四正五行則已丙

丁皆從離而為火亥壬癸皆從坎而為水寅甲乙皆從震而為

木申庚辛皆從兌而為金辰戌丑未皆從四隅而為土猶之可

也余又以子合申辰而為水异其隣之坤壬乙亦化為水以午

合寅戌而為火并其隣之艮為辛亦化為火以卯合亥未而為

木并其隣之乾甲丁亦化為木以酉合巳丑而為金并其隣之

巽庚癸亦化為金論八卦則卦爻錯亂論四令則方位顛倒此

三合雙山之再謬也所謂多岐亡羊朝令夕改自相予盾不特

悖於理義而亦不通於辭說者矣又以龍脉之左旋右旋而分

五行之陰陽曰亥龍自甲卯乙丑艮寅壬子癸方來者為陽木

龍亥龍自未坤申庚酉辛戌乾方來者為陰木龍其餘無不皆

然謬之謬者也又以龍之所屬而起長生沐浴冠帶臨官帝旺

衰病死墓絕胎養又以龍順逆之陰陽分起長生曰陽木屬甲

長生在亥旺於卯墓於未陰木屬乙長生在午旺於寅墓於戌

其餘無不皆然舉世若狂以為定理真可哀痛夫五行者陰陽

二氣之精華散於萬象周流六虛盈天地之內無處不有五行

之氣無物不具五行之體今以龍而言則直者為木圓者為金

曲者為水銳者為火方者為土又窮五行之變體而曰貪狼木

巨門土祿存土文曲水廉貞火武曲金破軍金左輔土右弼金

五行之變盡美此楊曾諸先覺明目張膽以告後人者也夫此

九星五行者或為起祖之星或為傳變之星或為結穴之星或

為夾從輔佐之星或熏二或熏三或兼四堪而五星傳變則地

大不可名言。此以見五行者變化之物未有單取一行不變以
為用者也。今不於龍體求五行之變化而但執方位論五行之
名字。是使天地之生機不變不化取其一盡廢其四矣。又從方
位之左右旋分五行之陰陽。是使一氣之流行左支右絀得其
半并未全其一矣。試以物產言之隨地皆生五材。若曰南方火
地無大冰北方水地不火食西方金地不產名材東方木地不
產良金。有是理乎。試以稟性言之盡人皆具五德。若曰東方之
人皆無義。西方之人皆無仁。北方之人皆無禮。南方之人皆無
智。有是理乎。且獨不觀四時之流行乎。春風一噓而萬物皆生。

不特東南生而西北無不盡生秋氣一肅而萬物皆落不特西
北落而東南無不盡落是生殺之氣不可以方隅限限也又不觀
五材之利用乎棟梁之木遇斧斤而成材入冶之金須煆煉而
成器大塊非耒耜不能耕耘清泉非爨燎不能飲食道家者流
神而明之故有水火交媾金木合并之義以為大丹作用即大
易既濟歸妹之象也故曰識得五行顛倒便是大羅仙相生
者何嘗生相尅者何嘗尅乎今玉尺曰壬癸來自兊庚乃作體
全之象坎水迎歸寅邘名為領氣之神金臨火位自焚厥屍木
入金鄉依稀絕命火龍畏見兊庚遇北辰而自廢東震愁逢火

叔見西兊而傷魂是山川有至美之精英而以方位廢之也且

五行之論生旺墓而亦限之以方位其說起於何人若以天運

言則陽升則萬物皆生陰升則萬物皆死無此生彼死此死彼

生之分也若以地脉言則有氣則在在皆生無氣則在在皆死

無此生彼墓此旺彼衰之界也今龍必欲自生趨旺自旺朝生

水必來於生旺去於囚謝砂之高下亦如之皆因誤認來龍之

五行所屬於是紛紛不根之論咸從此而起也更有謂龍之生

旺墓若不合則有立向消納之法或以坐山起五行或以向上

論五行不知山龍平壤皆有一定之穴生成之向豈容拘牽字

黎照堂傳

義必意推移朝向論五行○固為乖謬坐山論五行亦未為得也

玉尺又兩可其說曰可合雙山作用法聯珠之妙宜從卦例推

求尊納甲之宗又何其首鼠兩端從無定見耶我願世之學地

理者山龍止看結體之五星平壤止看水城之五星此乃五行

之真者苟精其義雖以步武楊賴亦自不難至於方位五行不

特小玄空生尅出入宗廟洪範雙山三合斷不可信○即正五行

八卦五行亦不可拘此關一破則正見漸開邪說盡息地理之

道始有入門嗟乎我安得盡洗世人之肺腸而曉然告之凶玄

空大卦天元九氣之真訣使黃石青囊之秘昭昭乎若揭日月

而行也哉

辨四大水口

夫四大水口○有至理存馬楊公書中未嘗發露惟希夷先生闡

闡水法倡明八卦之理○而四大水口之義寓於其中○此乃黃石

公三字青囊所固有○楊公特秘而不宣○即希夷猶隱而不發也○

今人不知天元八卦之妙用○妄以庸淺見測之遂以辰戌丑

未為五行墓庫之方輒以三合雙山傅會之曰乙丙交而趨戌

辛壬會而聚辰斗牛納丁庚之氣金羊收癸甲之靈嗚呼謬矣○

以三合五行起長生墓庫之非龍穴上五行左旋為陽右旋為

蔡照堂傳

家秘本

陰而同歸一庫。穿鑿不通之論前篇皆已辨之獨此四大水口

原屬外氣之妙用。青囊之正訣。而亦為此輩牽合錯解以偽亂

真。余每開卷至此不勝扼腕故又特舉而言之夫圖南先生八

大局皆從洛書八卦中來。一卦有一卦之水口舉四隅之卦而

言。則有四蕪四正之卦而言其實有八然括其要旨即一水口

而諸卦之理已具學者苟明乎此山河大地布滿黃金奚特以

天心所秘非人勿傳故不敢筆之於書聊因俗本微露一端任

有夙慧者死心自悟若以為陽艮龍丙火交於乙墓於戌陰亥

龍乙木交於丙亦墓於戌以為天根月窟雌雄交媾玄竅相通

種種癡人說夢總因悮認諸家五行不知卦氣之理以訛傳訛

盲修瞎煉吾遍觀古來帝王陵寢以及公卿名墓何嘗有合此

四語者若用此四語擇得合格之地總與地理真機無涉其為

敗絕亦猶是也所謂勞而無功聞余言者不識能惕然有動於

中否○

辨陰陽交媾

天地之道不過一陰陽交媾而已天地有一大交媾萬物各有

一交媾變變化化施之無窮論其微妙莫可端倪而實有其端

倪故曰玄牝之門是為天地根地理之道若確見雌雄交媾之

藜照堂傳

處則千卷青囊皆可付之祖龍矣斯理甚秘而實在眼前若一
指明觸目可覩然斷不從五行生旺墓上討消息也玉尺乃曰
有乙辛丁癸之婦配甲庚丙壬之夫又曰陰遇陽必非其類號
曰陽差陽見陰而非其耦名曰陰錯仍取必於乙丙之墓戌辛
壬之墓辰丁庚之墓丑癸甲之墓未此真三家村學究之見也
夫陰陽之交媾自然而然不由勉強亦活潑潑地不拘一方豈
可以方位板格死煞排算乎即以天地之交媾者言天氣一降
地氣一升而雨澤斯沛矣子能預定天地之交於何方合於何
日乎更以男女之交媾者言陽精外施陰血内抱而胎元斯孕

矣○子能預擬胎孕之○何○法而○感何○時而○結乎○知天地男女之不

可○以○矯揉造作○則知地理之所謂天根月窟亦猶是矣此惟楊

公都天寶照經言之鑿鑿不啻金針暗度余因辨玉尺之謬而

偶涉於此與神識者精思而冥悟之○或有鬼神之告也

辨砂水吉凶

今之地理家分龍穴砂水為四事或云龍雖好穴不好或云龍

穴雖好砂水不好何異癡人說夢古之真知地理者只有尋龍

定穴之法○無尋砂尋水之法正以雖有四者之名○而其實一而

已矣○穴者龍之所結○水者龍之所源○砂者龍之所衛故有是龍

黎照堂傳

則有○是穴有○是穴則有○是砂水未有龍穴不真而砂水合格者
也亦未有龍真穴的而砂水不稱者也王尺反曰龍穴之善惡
從水猶女人之貴賤從夫穴雖凶而水吉尚集諸祥是以本為
末○顛倒甚矣且其所謂吉凶者只取四生三合雙山五行論去
來之吉凶而以來從生旺去從墓絕者為吉反此者為凶既屬
可笑又以砂水之在淨陰方位者為吉在淨陽方位者為凶尤
為拘泥夫水之吉凶只辨天元衰旺之氣砂者借賓伴主只要
朝拱環抱其形尖圓平正秀麗端莊皆為吉曜若斜飛反去破
碎醜拙則為凶殺或題之曰戈筆曰誥軸曰御屏曰王几曰龍

樓曰鳳閣曰仙橋曰旗幟曰雄甲屯兵曰烟花粉黛諸般名色

皆以象取之類應之而不可拘執亦須所穴者果是真龍胎息

精靈翕聚而後一望臚列皆其珍膳爾假如一山數塚同見貴

砂而一塚獨發其餘皆否豈非貴之與賤在龍穴而不關於砂

乎況四神八國故起星峯皆堪獻秀何必淨陰之位則吉淨陽

之位則凶龍穴無陰貴陽賤之分砂水豈又有陰貴陽賤之分

即其云文筆在坤申為詞訟旌旗見子午為刦賊高峯出南離

恐驚回祿印星當日馬必遭瞽疾乾戌為鼓盆之煞坤流為寡

宿之星寅甲水瘋疾纏身乙辰水投河自縊又云未離胎而夭

折多因衝破胎神繞出世而身亡蓋為擊傷生氣四敗傷生雖

有子而母明父暗旺神投浴恐居官而淫亂堪羞諸如此類不

可救舉立辭愈巧其理愈虛一謬百謬難以悉辨總其大旨曰

廢五行生旺之說破陰陽貴賤之名可以論龍穴即可以論砂

水矣我於是書取其四語曰本主興隆殺曜化為文曜龍身微

賤牙刀化作屠刀此則沙中之金石中之玉也采葑采菲無以

下體故特舉而存之

　辨八煞黃泉祿馬水法

水法中有祿上御階馬上御階其說鄙俚不經而最能使俗人

艷慕。又有黄泉八煞二種禁忌使人望而畏之若探湯然我以

為其說皆妄也夫禄馬貴人起例見於六壬在易課中已屬借

用。與地理禄命皆無干涉世人學術無本一見干支便加禄馬

推命家用之地理家亦用之東那西借以張之子孫繼李之宗

祖血脉不通。鬼神不享。此在揚曾以前從不見於經傳後之俗

子妄皆添設不辨自明夫地理之正傳止以星體為巒頭卦爻

為。理氣舍此二者。一切說玄說妙且無所用之況其鄙俗之甚

者乎其所稱馬貴者亦有之矣曰貴人曰天馬此皆取星峯而

為名。不在方位也水之御皆亦以形言。非以方言至於八煞黄

泉○尤無根據○全然捏造○更與借用者不同○夫天地一元之氣周

流○六虛八卦方位先天後天互為根源環相交合相濟為用得

其氣連則皆生違其氣運則皆死但當推求卦氣之興衰以為

趨避耳從無此卦忌見彼卦此爻忌見彼爻之理若失氣運則

巽見辛艮見丙兌見丁坤見乙坎見癸離見壬震見庚乾見甲

本宮納甲正配尚足以興妖發禍若得氣運則坎龍坤兌震猴

巽雞乾馬兌蛇艮虎離猪而卦氣無傷諸祥自致我謂推求理

氣者須知有氣運隨時之真殺實無卦爻配合之煞曜今真煞

之刻期刻應剝膚切骨者不知避而拘拘忌八曜之假煞亦可

家秘本

三二○

悲矣。黃泉即四大水口而強增名色者也故又曰四個黃泉能

殺人。辰戌丑未為破軍、四個黃泉能救人辰戌丑未是巨門。故

又文飾其名曰救貧黃泉夫既重九星大玄空水法則不當又

論黃泉矣。何其自相矛盾一至於此或又高人心知其謬而患

無以解世人之惑故別立名色巧為寬譬耶未可知也其實則。

單論三吉水可矣。不必論黃泉也且黃泉所忌於彼所言淨陰

淨陽三合生旺墓水法皆不盡合若論陰陽則乙忌巽是矣。而

丙則同為純陰庚丁忌坤甲癸忌艮辛忌乾是矣而壬則同為

純陽。何以亦忌此於淨陰淨陽自相矛盾也若論三合五行則

藜照堂傳

乙水向見巽丁木向見坤辛火向見乾癸金向見艮同為墓絕

方忌之是矣。丙火向見巽庚金向見坤壬水向見乾甲木向見

艮皆臨官方也。何以亦忌此於三合雙山自相矛盾也。我即彼

之謬者而以證其謬中之謬雖有蔣張之舌。亦無辭以復我矣。

王尺遂飾其說曰。八煞黃泉雖云惡曜若在生方倒難同斷此

真掩耳盜鈴之術。既云惡曜矣。又焉得云生方。既云生方矣。又

焉得稱惡曜。孰知惡曜固不真而生方亦皆假也。或者又為之

辭曰。黃泉忌水去而不忌來。或又曰忌水來而不忌去。總屬支

離茫無一實。我謂運氣乘旺雖黃泉而但見其福。運氣當衰雖

家秘本

非黃泉而立見其禍苟知其要不辨自明而我懇懇然論之不

置者以世人迷惑已久如墮深坑無力自脫多方曉譬廣以云

救也嗚呼當世亦有見余此心者耶

辨分房公位

夫葬者所以安親魄也親魄安則眾子皆安親魄不安則眾子

皆不安今之世家巨族往〻累年不葬甚之遷之又久終無葬

期一則惑於以擇地為難再則惑於拘分房之說一子之家猶

可子孫愈多爭執愈甚遂有挾私見以隄防用權謀以自便者

矣有時得一吉地惑於旁人之言以為不利於己而阻之者阻

之不已竟葬凶地同歸於盡亦可哀哉原其故皆地理書公位
之說為之禍根使人滅倫理喪良心無所不極其至也豈知葬
地如樹木根荄得氣則衆枝皆榮根荄先撥則衆枝皆荄亦有
一枝榮一枝荄者外物傷殘之耳葬親者但論其地之吉凶斷
不可執房分之私見吾觀歷来名宗巨室往往同一祖地各房
均發者甚多亦有獨發一房或獨絕一房者此有天焉不可以
人之智巧爭也或問曰然則公位之說全謬欤又何以有獨發
獨絕者耶曰是固有之而非世人之所知也其說在易曰震為
長男坎為中男艮為少男巽為長女離為中女兌為少女孟仲

季之分房由此而起也。然。其。中。有。通。變。之。機。非。屬。此。卦。即。應。此

子。應。此。女。之。謂。也王尺乃云胎養生沐屬長子、冠臨旺衰屬仲、

子、病死墓絕屬季子即就彼之言以折之。生則諸子皆生矣旺

則諸子皆旺矣死絕則諸子皆死絕矣何為以此屬長以此屬

仲。以此屬季曰亦以其漸耳折之曰。以為始於胎養繼而之旺

既。而。死。絕。似。美。若。有。四。子。以。往。則。又。當。何。如。耶。其轉而歸於生

旺。耶。抑。另。設。何。名。以。應。之。耶。此。不。足。據。之。甚。者。也世人慎勿惑

於。其。說。也。

總論後

蔡照堂傳

蔣子作玉尺辨偽既成或問曰子於是書訛謬辨之則既詳矣

子謂吉凶之理存乎地而非方位之所得而限也然則八千四

維十二支舉無有吉凶之當論乎曰何為其然也我正謂八千

四維十二支皆分屬乎卦氣夫卦氣吉凶之有辨益灼灼矣而

特非淨陽淨陰雙山三合生旺墓之云云也若乃青囊正理方

位之辨實有之其秘者不敢宣洩姑就玉尺之文以紫舉之玉

尺所長者曰乙辰曰寅甲而以青囊言之乙之與辰寅之與甲

相去不啻千萬里也有時此吉而彼凶有時此凶而彼吉者矣

所最羡者曰巽巳丙而以青囊言之巽巳之與丙相去亦不啻

千萬里也有時此吉而彼凶有時此凶而彼吉者矣所最欲分
別而不使之混者曰丙午丁曰乾夾曰甲卯乙曰巽辰曰丑艮
寅而以青囊言之午之與丙丁亥之與乾卯之與甲乙巽之與
辰丑寅之與艮所爭不過尺寸之間而已有時而吉則必與之
俱吉有時而凶則必與之俱凶矣今乃於其當辨而不可不辨
者如黃精之與勾吻附子之與烏頭一悞用之而足以入口傷
生者反置之不辨於其易辨而可以不辨者如白粱之與黑秬
異色而皆可以養人堇之與鴆異類而皆可以殺人者屑屑焉
悉舉而辨之彼自以為智而乃天下之大愚也且生旺死絕之

藜照堂傳

說青囊未嘗不重之故葬書曰葬者乘生氣也卦氣之所謂生

非三合五行之所謂生卦氣之所謂旺非三合五行之所謂旺

卦氣之所謂死絕非三合五行之所謂死絕且地氣之大生旺

不知趨而區區誤認一干一支之假生旺而求迎之地氣之大

死絕不知避而區區誤認一干一支之假死絕而思避之悲夫

所謂雀以一葉障目而謂彈者之不我見也以此為已適以害

己以此為人適以害人而已故夫王尺之於地理猶鄭教之於

雅樂楊墨之於仁義一是一非勢不兩立實有關於世道之盛

衰天地之氣數竊聞嘉靖以前其書未嘗大顯至萬厤時有徐

之鎮者。為之增釋圖局而梓行之於是江湖行術之徒莫不手
握一編以求食於世至今日而惑於其說者且徧天下也悖陰
陽之正干天地之和與傲擾五行息棄三正者同其禍患有聖
人者。出而誅非聖之書於陰陽一家必此書為之首嗚呼此書
不破。世道何由而息水火生民何由而躋仁壽哉我拭目望之
矣。

平砂玉尺辨僞總括歌　　　　　　　　會稽姜垚汝臯氏撰

萬卷堪輿總失眞平砂玉尺最堪嗔二劉名姓憑伊冒豈有當

年手澤存開國伯溫成佐命嘗將妙訣定乾坤晚年一簏青囊

秘盡作天家石室珍天寶不容人漏泄忍將隱禍中兒孫片言

隻字無留影肯借他人齒頰名秉忠亦是元勳列敢冒嬈疑著

此經世上江湖行乞者只貪膚淺好施行戶誦家傳如至寶與

災釀禍害生民幸遇我師垂憫救苦心辨駁著斯文竊恐愚夫

迷不悟括成俚句好歌吟願君細察歌中意莫枉中陽一片心

天下山山多順水此是行龍之大體真龍發足不隨他定是轉

關星特起。特起之龍變化多。渡水逆行不計里。玉尺開章說順

龍順水直衝為大旨。水來甲卯兌不收。水來午丁坎不取必要

随流到合襟直瀉直奔為漏髓。全無真息蔭龍胎。山穴平陽皆

失軌。勸君莫聽此胡言。悞向順流探脉理。八方位位有真龍父

象干支總一同。山脉陰陽分兩界。此是天然造化工。陽脉出身

陽到底。陰脉出身陰為宗。從無偽落豈有貴賤分雌雄。

若是真胎成骨相。乾坤辰戌也。崢嶸若是空亡無氣脉巽辛亥

艮盡招凶品。水評砂原一例。三吉六秀有何功。勸君莫聽此胡

訒旺相孤虛理不通。五行相逕與相尅此是後天粗礪質。山川

家秘本

妙氣本先天○生不須生尅非尅木行金地反成材火入水鄉真

配匹南離爐冶出真金陰陽妙處全須逆○原說五行顛倒顛庸

庸之輩何能識先天理氣在卦爻○生旺休囚此中出○量山步水

總一般○立向収砂非二格○安有長生及官旺全無墓庫與死絕○

卦若旺時路路通卦若衰時路路塞有人識得卦與衰眼前盡

是黃金陌納甲本是卦中玄用他配合皆非的堪笑三合及雙山

玄空生出尅出○更有祿馬及敕文咸池黃泉八曜煞庸奴只

把掌中輪誤盡天涯聰慧客勸君莫聽此胡言五行更覓真消

息○雌雄交媾大陰陽月窟天根卦內藏此是乾坤造化本會時

家秘本

便鯑法中王楊公說箇團團轉一左一右兩分張○明明指出夫

和婦有箇單時便是雙二、十四山雙雙起八卦之中定短長豈

料庸奴多錯解干支字面去商量誤起長生分兩局會同墓庫

到其行未曾曉得真交媾那裏懷胎喚父孃我即汝言來教汝

陰陽指氣不指方甲庚丙壬是陽位有時占陰不喚陽乙辛丁

癸是陰位有時占陽即喚陽陰陽亦在干支上不用排來死煞

方眼前夫婦不識得卻將寡婦守空房勸君莫聽此胡言玄竅

相通別主張四大水口歸其位此是卦之真匹配如何說到墓

庫方○左旋右旋来傳會四水○四卦逐元輪二元一卦乘旺氣周
○和○盤○抱○出○滔滾天○机

流○八卦逐時新會者○楊公再出世○今將墓合作歸源○失運失元
迎殺氣○勸君莫聽此胡言○陽差陰錯非斯義○公位亦自卦中來○
少長中男各有胎○不論干支并龍脈○如何亦取三合推胎養生
沐乃云長仲子冠臨及旺衰少子病死并墓絕若然多子作何
排○世人信此爭房分○停喪不葬冷為厭○更起陰謀相賊害傷倫
蔑理召天災陷人不孝并不睦○此卷偽書作禍胎○我願今人只
求地得地安親太本培親安眾子皆蒙慶休把房分去亂猜試
者閱閱諸名墓一祖枝枝產眾材分房蓋為分陽宅莫論偏苛
到夜臺平砂一卷何人作注解翻剿尤醜惡添圖添局死規模○

強把山川牢束縛從諛失却布衣守之鎮直是追魂鑿嘉隆以

上無此書萬麻中年方攬揪從此家家無好墳迄今遍城成蕭

索○焉得將書付祖龍免使蒼生遭毒藥、

家秘本

編號	書名	著者	提要
62	地理辨正補註　附　元空秘旨　天元五歌　玄空精髓　心法秘訣等數種合刊	【民國】胡仲言	貫通易理、巒頭、三元、三合、天星、中醫
63	地理辨正自解	【清】李思白	公開玄空家「分率尺、工部尺、量天尺」之秘
64	許氏地理辨正釋義	【民國】許錦灝	民國易學名家黃元炳力薦
65	地理辨正天玉經內傳要訣圖解	【清】程懷榮	秘訣一語道破，圖文并茂
66	謝氏地理書	【民國】謝復	玄空體用兼備、深入淺出
67	論山水元運易理斷驗、三元氣運說附紫白訣等五種合刊	【宋】吳景鸞等	失傳古本《玄空秘旨》《紫白訣》
68	星卦奧義圖訣	【清】施安仁	與今天流行飛星法不同
69	三元地學秘傳	【清】何文源	
70	三元玄空挨星四十八局圖說	心一堂編	公開秘密！過去均為必須守秘不能公開，鈔孤本
71	三元挨星秘訣仙傳	心一堂編	
72	三元地理正傳	心一堂編	三元玄空門內秘笈　清
73	三元天心正運	心一堂編	
74	三元地理正運	心一堂編	
75	玄空挨星秘旨　附　堪輿指迷	心一堂編	
76	姚氏地理辨正圖說　附　地理九星并挨星真訣全圖　秘傳河圖精義等數種合刊	【清】姚文田等	
77	元空法鑑批點本　附　法鑑口授訣要、秘傳玄空三鑑奧義匯鈔　合刊	【清】曾懷玉等	蓮池心法　玄空六法
78	元空法鑑心法	【清】曾懷玉等	門內秘鈔本首次公開
79	曾懷玉增批蔣徒傳天玉經補註【新修訂版原（彩）色本】	【民國】項木林、曾懷玉	
80	地理辨正揭隱（足本）　附連城派秘鈔口訣	【民國】王邈達	揭開連城派風水之秘
81	地理學新義	【民國】俞仁宇撰	
82	趙連城秘傳楊公地理真訣	【明】趙連城	深入淺出，內容簡核
83	趙連城傳地理秘訣附雪庵和尚字字金	【明】趙連城	
84	地理方外別傳	仗溪子、芝罘子	巒頭形勢、「望氣」
85	地理法門全書	【清】熙齋上人	巒頭風水，內容簡核、深入淺出
86	地理輯要	【清】余鵬	集地理經典之精要
87	地理秘珍	【清】錫九氏	巒頭、三合天星，圖文并茂
88	《羅經舉要》　附《附三合天機秘訣》	【清】賈長吉	清鈔孤本羅經、三合訣　附法圖解
89-90	嚴陵張九儀增釋地理琢玉斧巒	【清】張九儀	清初三合風水名家張九儀經典清刻原本！